LÉONARD

LÉONARD

41

GÉNIE DU STOP

turk & de groot

COULEURS : KAËL

LE LOMBARD

BRUXELLES

D/2011/0086/98
ISBN 978-2-8036-2796-7

R 03/2012

Dépôt légal : mars 2011
Imprimé en Belgique par Proost

LES ÉDITIONS DU LOMBARD
7, AVENUE PAUL-HENRI SPAAK
1060 BRUXELLES - BELGIQUE

WWW.LELOMBARD.COM

Génie du stop

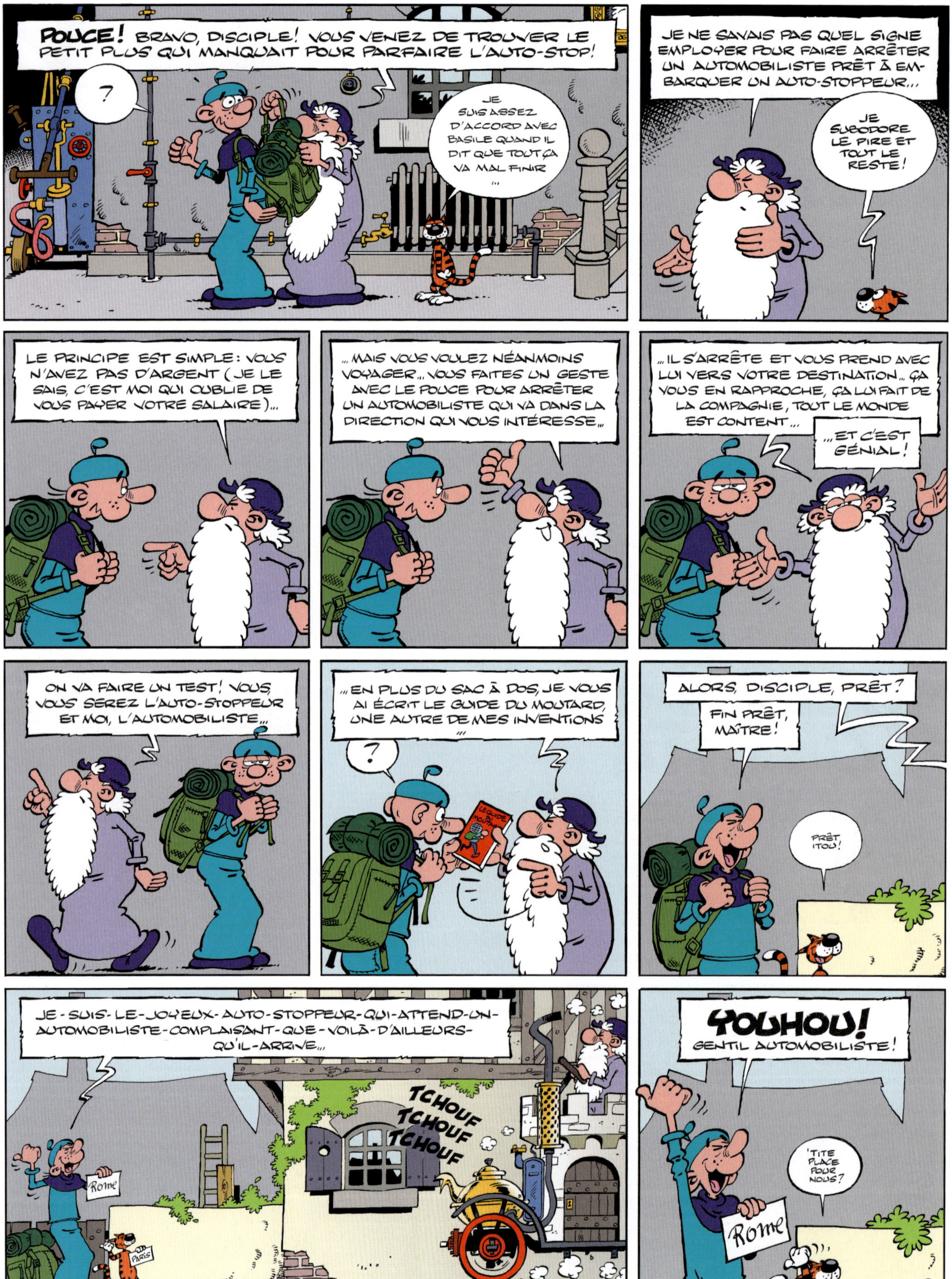
POUCE! BRAVO, DISCIPLE! VOUS VENEZ DE TROUVER LE PETIT PLUS QUI MANQUAIT POUR PARFAIRE L'AUTO-STOP!
?
JE SUIS ASSEZ D'ACCORD AVEC BASILE QUAND IL DIT QUE TOUT ÇA VA MAL FINIR ...
JE NE SAVAIS PAS QUEL SIGNE EMPLOYER POUR FAIRE ARRÊTER UN AUTOMOBILISTE PRÊT À EMBARQUER UN AUTO-STOPPEUR...
JE SUBODORE LE PIRE ET TOUT LE RESTE!
LE PRINCIPE EST SIMPLE: VOUS N'AVEZ PAS D'ARGENT (JE LE SAIS, C'EST MOI QUI OUBLIE DE VOUS PAYER VOTRE SALAIRE)...
... MAIS VOUS VOULEZ NÉANMOINS VOYAGER... VOUS FAITES UN GESTE AVEC LE POUCE POUR ARRÊTER UN AUTOMOBILISTE QUI VA DANS LA DIRECTION QUI VOUS INTÉRESSE...
... IL S'ARRÊTE ET VOUS PREND AVEC LUI VERS VOTRE DESTINATION... ÇA VOUS EN RAPPROCHE, ÇA LUI FAIT DE LA COMPAGNIE, TOUT LE MONDE EST CONTENT...
... ET C'EST GÉNIAL!
ON VA FAIRE UN TEST! VOUS, VOUS SEREZ L'AUTO-STOPPEUR ET MOI, L'AUTOMOBILISTE...
... EN PLUS DU SAC À DOS, JE VOUS AI ÉCRIT LE GUIDE DU MOUTARD, UNE AUTRE DE MES INVENTIONS ...
?
LE GUIDE DU MOUTARD
ALORS, DISCIPLE, PRÊT?
FIN PRÊT, MAÎTRE!
PRÊT, ITOU!
JE-SUIS-LE-JOYEUX-AUTO-STOPPEUR-QUI-ATTEND-UN-AUTOMOBILISTE-COMPLAISANT-QUE-VOILÀ-D'AILLEURS-QU'IL-ARRIVE...
Rome
PARIS
TCHOUF
TCHOUF
TCHOUF
YOUHOU! GENTIL AUTOMOBILISTE!
'TITE PLACE POUR NOUS?
Rome

J'AI ENVISAGÉ UN PREMIER CAS DE FIGURE...
...L'AUTOMOBILISTE QUI S'EN FICHE ÉPERDUMENT DE L'AUTO-STOPPEUR...
VRAOOOOOO
?
JE NOTE QUE CE PREMIER CAS PEUT ÊTRE TRÈS DANGEREUX POUR L'AUTO-STOPPEUR.
DEUXIÈME CAS: L'AUTOMOBILISTE S'ARRÊTE COMPLAISAMMENT ET...
BLAM
...ET S'AVÈRE ÊTRE UN DÉPOUILLEUR D'AUTO-STOPPEURS RECHERCHÉ PAR TOUTES LES POLICES DU MONDE!...
G...
Rome
Paris
LÉONARD GÉNIE
...TROISIÈME CAS...
DITES, MAÎTRE, SI ON FAISAIT UNE PETITE PAUSE AVANT DE PASSER AU TROISIÈME CAS? JE SUIS UN BRIN LAS!
TROISIÈME CAS, J'AI DIT! PRENEZ CECI!...
?
PCHHHH
BLAM
VOUS FAVEZ, MOI, FE QUE V'EN DIVAIS...

JE-SUIS-LE-DE-MOINS-EN-MOINS-JOYEUX-AUTO-STOPPEUR-QUI-ATTEND-UN-AUTOMOBILISTE-QUE-VOILÀ-QUE-D'AILLEURS-QU'IL-ARRIVE...
RAK
PUF
PT...
VOUS ALLEZ RIRE, CHER AUTO-STOPPEUR, MAIS...
?
BZZ... BZZ... BZZ ET BZZZ...
NON ?
BEN SI !...
COURAGE, IL Y A UNE STATION-SERVICE À MÊME PAS 80 KILOMÈTRES...
PFFF !
PFFF !
POUR LE QUATRIÈME CAS, C'EST MOI QUI VAIS FAIRE L'AUTO-STOPPEUR ET VOUS L'AUTOMOBILISTE. TOUT CE QUE VOUS AUREZ À FAIRE, C'EST VOUS ARRÊTER...
ÇA, C'EST LA BONNE NOUVELLE DU JOUR !
VOUS ÊTES PRÊT ?... PARTEZ !!!
C'EST-MOI-QUE-JE-SUIS-LE-JOYEUX-AUTOMOBILISTE-QUI-AIME-LES-AUTO-STOPPEURS-QUI-VEULENT-ALLER-À-ROME-ET-À-PARIS-ET... OOH-BEN-ÇA-ALORS !... EN-VOILÀ-DEUX !-ÇA-TOMBE-BIEN...
FREINONS JOYEUSEMENT !
Rome
PARIS
VINCI 80

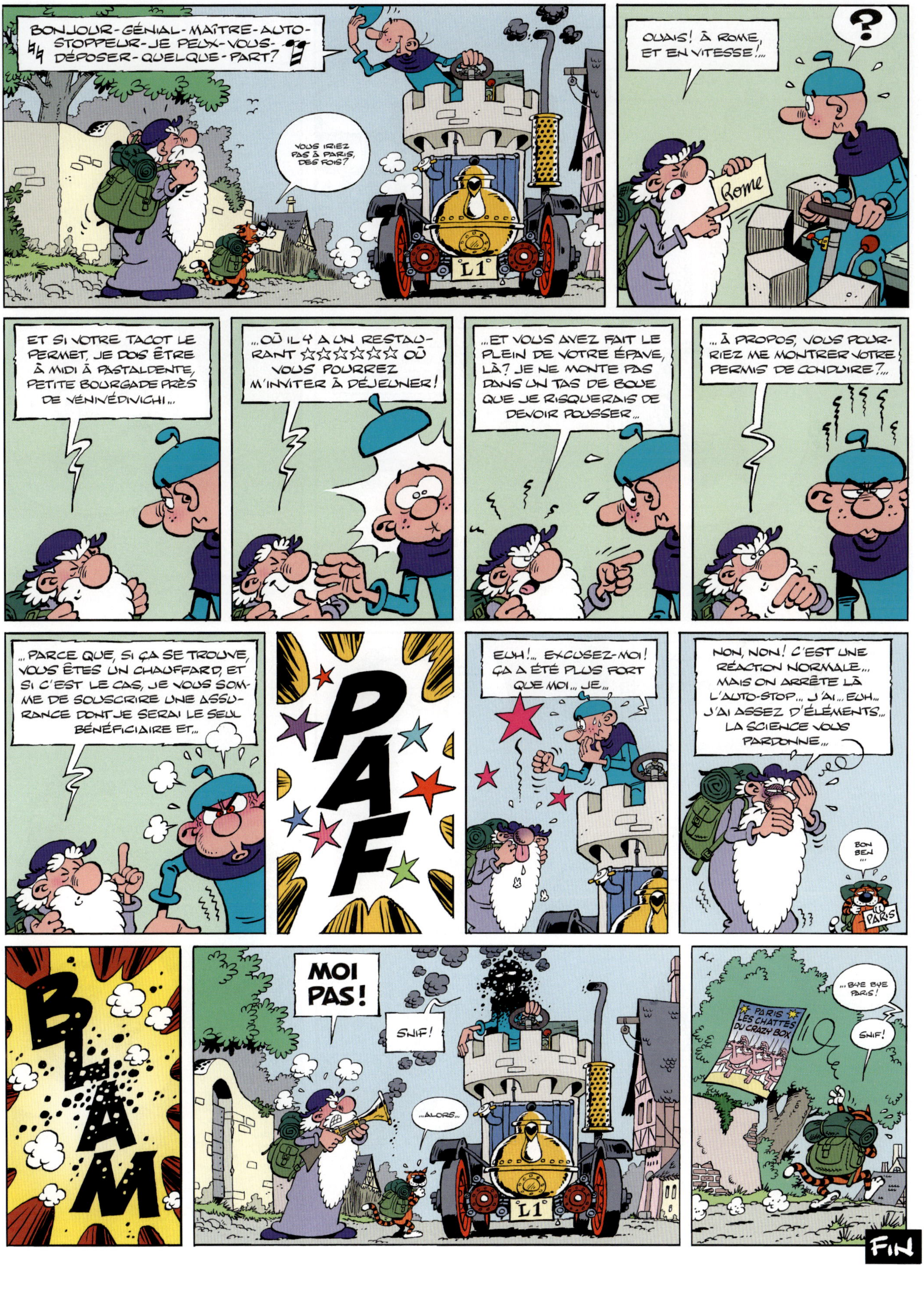
BONJOUR-GÉNIAL-MAÎTRE-AUTO-STOPPEUR-JE PEUX-VOUS-DÉPOSER-QUELQUE-PART?
VOUS IRIEZ PAS À PARIS, DES FOIS?
L1
OUAIS! À ROME, ET EN VITESSE!...
?
Rome
ET SI VOTRE TACOT LE PERMET, JE DOIS ÊTRE À MIDI À PASTALDENTE, PETITE BOURGADE PRÈS DE VÉNIVÉDIVICHI...
...OÙ IL Y A UN RESTAURANT ☆☆☆☆☆☆ OÙ VOUS POURREZ M'INVITER À DÉJEUNER!
...ET VOUS AVEZ FAIT LE PLEIN DE VOTRE ÉPAVE, LÀ? JE NE MONTE PAS DANS UN TAS DE BOUE QUE JE RISQUERAIS DE DEVOIR POUSSER...
...À PROPOS, VOUS POURRIEZ ME MONTRER VOTRE PERMIS DE CONDUIRE?...
...PARCE QUE, SI ÇA SE TROUVE, VOUS ÊTES UN CHAUFFARD, ET SI C'EST LE CAS, JE VOUS SOMME DE SOUSCRIRE UNE ASSURANCE DONT JE SERAI LE SEUL BÉNÉFICIAIRE ET...
PAF
EUH!... EXCUSEZ-MOI! ÇA A ÉTÉ PLUS FORT QUE MOI... JE...
NON, NON! C'EST UNE RÉACTION NORMALE... MAIS ON ARRÊTE LÀ L'AUTO-STOP... J'AI... EUH... J'AI ASSEZ D'ÉLÉMENTS... LA SCIENCE VOUS PARDONNE...
BON BEN ...
PARIS
BLAM
MOI PAS!
SNIF!
...ALORS...
L1
PARIS LES CHATTES DU CRAZY BOX
...BYE BYE PARIS!
SNIF!
FIN

Au poil !

DONC, VOUS VOULEZ SAVOIR COMMENT ÉTAIENT LES MEMBRES DE MA FAMILLE ?...
HMM !
DES CRÉTINS, SANS AUCUN DOUTE !
HIHIHI !
D'ABORD, IL Y AVAIT MON GRAND-PÈRE, IRÉNÉE...
IRÉNÉE LEDIVINANFAN.
... PUIS IL Y A MON PETIT-COUSIN, HORACE TACOUÈRE...
... ET L'ONCLE DE LA BELLE-SOEUR DE MON ARRIÈRE-PETIT-COUSIN, ARTHUR PITUDE...
AH ! C'EST PAS TOUT... J'ALLAIS OUBLIER THÉODULE SINÉE...
ET...

ET C'EST TOUT ?
C'EST PAS UN ARBRE GÉNÉALOGIQUE, C'EST TOUTE UNE FORÊT !
OUAIS !
BEN NON, JUSTEMENT !...
UNE FORÊT DE CHÊNES DONT IL SERAIT LE SEUL GLAND !
TENEZ, PAR EXEMPLE, LE BEAU-FILS DE LA TANTE DE MA SOEUR...
QUI PAR LA MÊME OCCASION EST AUSSI MA TANTE...
PHILÉAS TICOT !
NON !
SI !
ET NE CROYEZ PAS QUE CE SOIT TOUT, PARCE QU'IL Y A AUSSI...
...
ET...
... ET ENFIN, POUR FINIR...
SNIF !
... ET MOI, J'AI PAS UN SEUL POIL SUR LE CAILLOU !!!
JE RÊVE OU ON COULE ?
FIN

Self-contrôle

BLAM
WAAAH, LA VACHE ! ESCOPETTER UN COUP, QU'EST-CE QUE ÇA FAIT DU BIEN !... VOUS ÊTES ENFIN SORTI DE CETTE MACHINE !
MAIS IL DIT DES HORREURS !!!
CE BONHOMME EST UN VRAI BUTOR !
BON ! À PRÉSENT, PUIS-JE ENFIN ATTENDRE DE VOUS L'ASSISTANCE NORMALE QU'UN MAÎTRE VÉNÉRÉ EST EN DROIT D'ATTENDRE DE SON DISCIPLE ?...
AI-JE VRAIMENT LE CHOIX ?
POUR ÊTRE FRANC AVEC VOUS, LA RÉPONSE EST DÉFINITIVEMENT
NON !
BUTOR ?
JE... JE COURS, JE BONDIS, JE SAUTE, JE VOLE... TOUT !...
BUTOR : N.M. HOMME GROSSIER ET STUPIDE.
WIIIZ
BLAM
HOULÀ !!! UN PEU TROP SENSIBLE, CETTE DÉTENTE, IL FAUDRA QUE J'ARRANGE ÇA !
G...
T'EN SAIS DES CHOSES, TOI !
VE PARTAVE VOTRE POINT DE VUE !
FNIF !
C'EST PARCE QUE JE JOUE AU SCRABBLE ET QUE BUTOR, ÇA VAUT CINQ POINTS !
ALORS, ÇA Y EST ? BERNADETTE VOUS A RECOUSU ? TRÈS BIEN... SUIVEZ-MOI, À PRÉSENT...
MPF !
ET ATTENDS, C'EST PAS TOUT !
LA VOILÀ, MA DERNIÈRE INVENTION !
IL Y A ENCORE DES MOTS COMME ERGASTULE OU ONOMAS-TIQUE...

DONC, DISCIPLE, FIGUREZ-VOUS QUE CE...
DRIIIIIING
?!?
MPF?
ZUT! ON SONNE À LA PORTE D'ENTRÉE!... ALLONS VOIR CE QUE C'EST!
JE SUIS BIEN CHEZ LE SIEUR LÉONARD?
OUI! ET ALORS?
HOULÀ! J'LE SENS MAL, MOI, CELUI-LÀ!
BONJOUR!... ENFIN, QUAND JE DIS BONJOUR, C'EST UNE FORMULE DE POLITESSE, CAR EN GÉNÉRAL, VOYEZ-VOUS, LES JOURNÉES DES GENS CHEZ QUI JE ME RENDS NE SONT JAMAIS BONNES!...
?
JE ME PRÉSENTE : JULES LEPRÉCOMPTE, AGENT DU FISC, UNE DE VOS INVENTIONS, D'AILLEURS, RÉPERTORIÉE SOUS LE NUMÉRO 1578...
FIGUREZ-VOUS QUE NOUS AVONS AJOUTÉ QUELQUES AMÉLIORATIONS À VOTRE INVENTION : ON NE CROIT PLUS D'OFFICE CE QUE NOUS RACONTE LE CONTRIBUABLE DANS SA DÉCLARATION, DONC, ON CONTRÔLE!
GLP!
VOUS AVEZ, JE PRÉSUME, LES JUSTIFICATIFS DE VOS FRAIS POUR LES ANNÉES 1496 ET 1497?!...
EUH... ENTRONS!
VOUS SAVEZ, CHEZ MOI, LES PAPERASSES, ÇA VA, ÇA VIENT! JE NE SAIS PAS SI...
DOMMAGE, DANS CE CAS, JE VAIS DEVOIR VOUS TAXER FORFAITAIREMENT À 106%, PLUS AMENDE DE RETARD ET AUTRES FUTILITÉS!
DISCIPLE! LES PAPIERS DE 96 ET 97, VITE!!!
LES VOILÀ, MAÎTRE!...
... BIEN SÛR, CE N'EST PAS COMPLET!... IL N'Y A PAS LES COMPTES SECRETS QUE VOUS AVEZ BRÛLÉS IL Y A QUINZE JOURS!...

EUH... HUM... HUM... VOUS PRENDREZ BIEN UN PETIT QUELQUE CHOSE, HMM ?... HÉHÉHÉHÉ !... QUANT À LA COMPTABILITÉ NOIRE, ELLE DATE D'UNE PÉRIODE OÙ J'AI VÉCU EN AFRIQUE...
LÀ, ON EST MAL, ON EST MAL !
MON BON MONSIEUR...
EUH !...
AURAIS-JE GAFFÉ ?
UN BON CONTRÔLEUR NE PREND PAS... IL SAISIT !... GNIARK, GNIARK, GNIARK !
DE PLUS, VOUS AGGRAVEZ VOTRE CAS EN ESSAYANT DE M'ACHETER EN M'OFFRANT UNE BOISSON ALCOOLISÉE !
CORRUPTION DE FONCTIONNAIRE ! ÇA VA VOUS COÛTER CHER !!!
MON GAILLARD !
BON !... ALORS, OÙ PUIS-JE M'INSTALLER POUR ÉTUDIER VOTRE CAS ?... LÀ, ÇA VA ?
SLURP !
FAITES, FAITES !
PLONGEONS DONC DANS CE DOSSIER QUE JE DEVINE JUTEUX...
GLP !
C'EST QUE ÇA A DÛ VOUS EN RAPPORTER, DE L'ARGENT, TOUTES CES INVENTIONS !
J'AI CHAUD !!!
ALORS, NOUS DISONS : MUNIUMUNIUMUNIUM, JE POSE DEUX ET JE RETIENS TOUT...
TIENS, TIENS, TIENS, TIENS ???
JE LE SAVAIS !!!

JE VIENS DE JETER UN OEIL TORVE SUR VOS NOTES DE RESTAURANT...
DONT L'UNE EST DATÉE DU 28 JANVIER...
AH ?!...
AH OUI ! C'ÉTAIT AU FESTIVAL DES SCIENCES D'ANGOULÊME ET C'ÉTAIT MON TOUR D'INVITER MES ÉMINENTS COLLÈGUES !
C'EST BIEN POSSIBLE, MAIS, VOYEZ-VOUS, LE 28 JANVIER, EH BIEN...
?
... C'ÉTAIT UN DIMANCHE !!!
HOULÀ ! CE TYPE EN IMPOSE !
...ALORS, VOTRE NOTE DE RESTAURANT, LÀ, TOMBE DANS LES D.N.A. !!!
TSSS !
EST-CE BIEN LA PEINE DE CRIER ÇA SUR TOUS LES TOITS ?...
C'EST QUOI, TOUT CE CHAMBARD ?
...IL CONTRÔLERAIT UN COUVREUR, JE DIS PAS, MAIS LÀ ?!!
...ANDERSON !
...PAS MAIS LÀ ANDERSON !
UNDER-STAND ?
IL VA SE TAIRE, VOTRE GREFFIER, LÀ, OU IL VEUT QUE JE LUI IMPUTE SES BOÎTES DE RONRON DANS LA RUBRIQUE "AVANTAGES EN NATURE" ?
RAOUL, BOUCLE-LA !
GLP !

SERAIT-CE ABUSER DE VOTRE MÉCHANCETÉ QUE DE VOUS DEMANDER CE QUE SIGNIFIE D.N.A. ?
CE SONT LES DÉPENSES NON ADMISES !... MAIS DITES-MOI, JE VOIS AUTRE CHOSE, LÀ !...
DANS LA COLONNE 5...
IL VEUT DIRE LA CINQUIÈME COLONNE ...
?
VOUS DÉCLAREZ 36 M² DE VOTRE MAISON EN SURFACE PROFESSIONNELLE, C'EST QUOI ?
C'EST MON LABORATOIRE, PARDI !
C'EST PAS DIEU POSSIBLE !... ÇA VOUS DÉRANGERAIT QUE JE LE VOIE ? J'AI TOUJOURS RÊVÉ DE VOIR L'ATELIER D'UN CRÉATEUR DE EUH... DE VOTRE CALIBRE !
...S'IL VOUS PLAÎT ?...
M'SIEUR LÉONARD ?
...LE PLUS GRAND GÉNIE DE TOUS LES TEMPS !... JE PEUX, DITES ? JE PEUX ?... HEIN ?
HUM ! HUM ! OUI, BIEN SÛR ! SUIVEZ-MOI !
ATTENTION ! TOUT FLATTEUR VIT AUX DÉPENS DE CELUI QUI L'ÉCOUTE !
LABO
ENTREZ, ENTREZ, JE VOUS EN PRIE...
OH MERCI ! MERCI !
VOUS PERMETTEZ ?
?
PLUS DEUX MÈTRES, ÇA NOUS FAIT SIX MÈTRES, PLUS...
ZIP
JE M'EN DOUTAIS !!!
TROUILLE TROUILLE
BAVE BAVE

VOUS M'AVEZ DÉCLARÉ 36 M² DE SURFACE PROFESSIONNELLE ET, EN RÉALITÉ, IL N'Y EN A QUE 28 M²05 ! FAUSSE DÉCLARATION CARACTÉRISÉE !!!
VOUS FRAUDÂTES À TOUTE VAPEUR !
JE VOUS TIENS, MON GAILLARD !
EUH !... VOUS NE PRATIQUEZ JAMAIS LE PARDON ?
CRAC DEDANS !!!
AH ! ET JE SUPPOSE QUE POUR VOUS ACHETER, C'EST NON AUSSI ?... BON ALORS...
LÂCHEZ-MOI UN PEU, VOULEZ-VOUS ?
GROSSE COLÈRE !
AU MOINS HUIT BEAUFORT !!!
LÂCHER UN CAS PAREIL ?... MOI, QUE LES CONTRIBUABLES APPELLENT LE VAMPIRE ? VOUS RIGOLEZ ?
SURTOUT QU'ON N'A PAS ENCORE TOUT VU !... TIENS... LES SIGNES EXTÉRIEURS DE RICHESSE, PAR EXEMPLE ...
HEIN ?... HA !
VOUS AVEZ UN DISCIPLE, VOTRE BRAS DROIT ?
OUI, MAIS QUI A DEUX MAINS GAUCHES !
ÇA NE COMPTE PAS ! IL N'EST MÊME PAS PAYÉ !
ILS VONT RIGOLER, TIENS, À LA SÉCURITÉ SOCIALE, QUAND JE LEUR TRANSMETTRAI LE DOSSIER !
VOUS AVEZ UNE FEMME DE MÉNAGE, DITES-MOI ! HMMM ?
AH ! MATHURINE, CELLE QUI FAIT UNE CUISINE AUSSI MAUVAISE QUE SON CARACTÈRE ?
QUOI ???
?
JE VOUS RENDS MON TABLIER, VIEIL INGRAT !!!
CLANG

ET VOTRE VOITURE, PAR EXEMPLE, C'EST-Y PAS AUSSI UN SIGNE EXTÉRIEUR DE RICHESSE?
...D'AILLEURS, ELLE EST DEHORS!... C'EST UNE PREUVE, ÇA, TOUT DE MÊME?
VAUT MIEUX ENTENDRE ÇA QUE D'ÊTRE SOURD!...
... ET DE PLUS, VOUS AVEZ DES ANIMAUX DE COMPAGNIE! FAUT EN GAGNER, POUR NOURRIR UN TROUPEAU DE DEUX!
DITES DONC, VOUS, SOYEZ POLI, HEIN!... ON N'A PAS GARDÉ LES COCHONS DE PAYEURS ENSEMBLE!
NON MAIS!...
LÀ, Y EN A MARRE! SUIVEZ-MOI, ESPÈCE DE LEPRÉCOMPTE!...
VOUS CHERCHEZ DES SIGNES EXTÉRIEURS DE RICHESSE?... VAIS VOUS EN DONNER, MOI... ENFILEZ-MOI TOUT ÇA!...
?
UN VOYAGE TRÈS CHER ET TRÈS LOIN, ÇA VOUS INTÉRESSERAIT?... HMM?
VOUS DITES ÇA POUR M'ACHETER? HEIN?
MAIS PAS DU TOUT!
J'ESPÈRE QUE VOUS NE VOUS MOQUEZ PAS DE MOI, SINON...
MAIS NON!
JE N'AIMERAIS PAS QU'EN PLUS DE VOS IMPÔTS ABUSIFS, VOUS ME TAXIEZ DE RIGOLO!
SOIT!
BOUH! QU'IL EST LAID!

VOUS AVEZ D'AILLEURS INTÉRÊT, SINON C'EST MOI QUI VAIS VOUS EN COMPTER UN!...
...D'INTÉRÊT! HIHI!
BON! ET MAINTENANT, JE FAIS QUOI?
VOUS, RIEN! C'EST MOI QUI M'OCCUPE DE TOUT!
JE CRAINS LE PIRE!
HOP! ADIEU JULES LEPRÉCOMPTE!!!
?
DZIIIIIII
BLITZ
HOULÀ! ÇA SECOUE!!!
MAIS!
BRAOUM
JE... JE SUIS OÙ, LÀ, MOI??? VA FALLOIR IMPROVISER...
GRUNT!
OUF! ON RESPIRE MIEUX DEPUIS QU'IL A DISPARU!... LE JULES!...
MAIS DITES-MOI, MAÎTRE...
VOUS NE M'AVEZ TOUJOURS PAS EXPLIQUÉ CE QUE C'EST, VOTRE NOUVELLE INVENTION, LÀ...
?
OH! RIEN DE TROP NOUVEAU... VERSION INDIVIDUELLE DE MA MACHINE À REMONTER LE TEMPS.
SLURP!
ROT!
MIOM!
RAVI, MESSIEURS SLURP, MIOM ET ROT... MOI, C'EST JULES LEPRÉCOMPTE... JE NE ME SOUVIENS PAS AVOIR REÇU VOS DÉCLARATIONS!...
...ÇA SENT L'AMENDE À PLEIN NEZ, ÇA!...
FIN

Temps de chien

Robot-tics

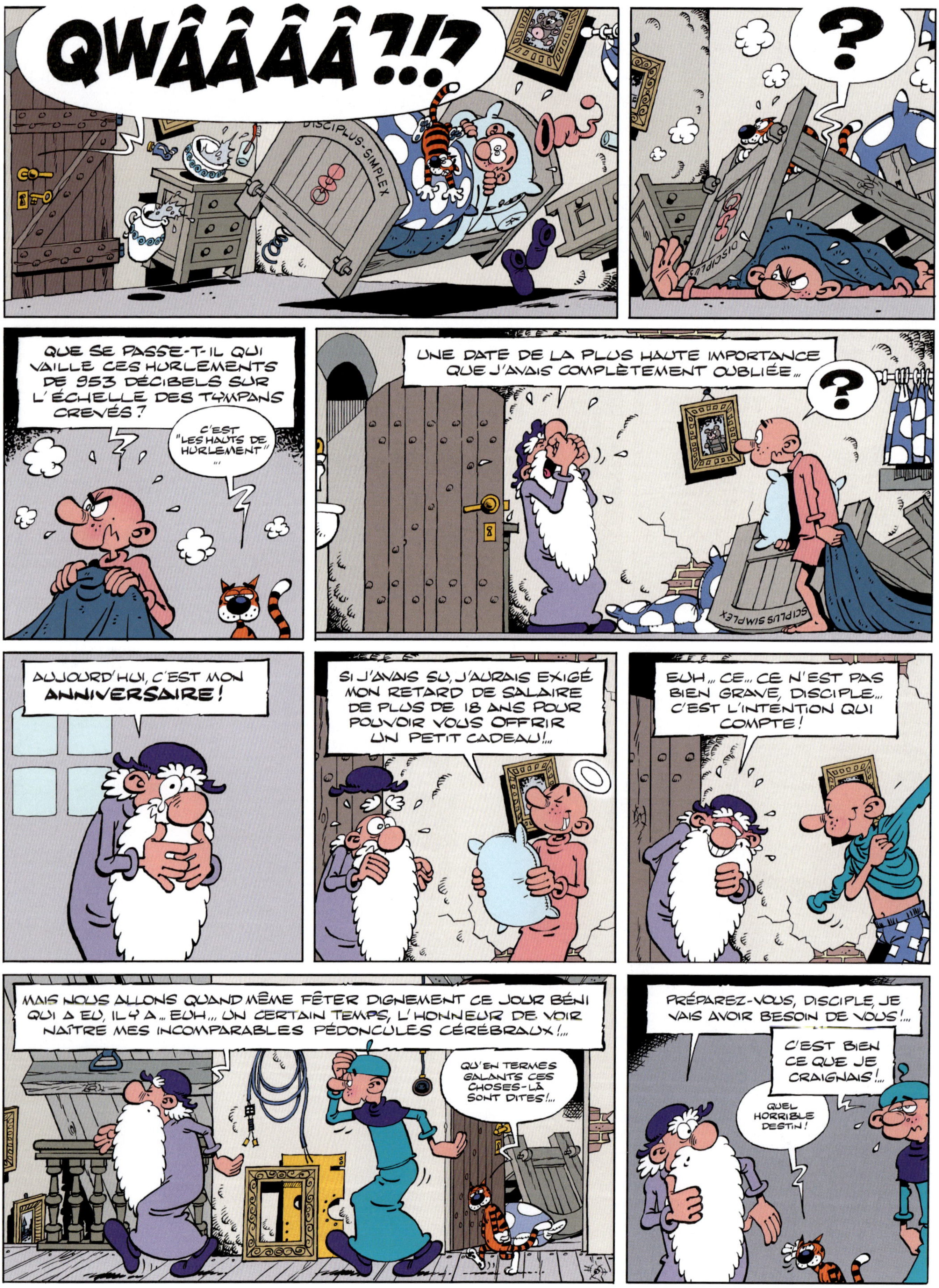

QWÂÂÂÂ?!?
DISCIPLUS-SIMPLEX
?
QUE SE PASSE-T-IL QUI VAILLE CES HURLEMENTS DE 953 DÉCIBELS SUR L'ÉCHELLE DES TYMPANS CREVÉS ?
C'EST "LES HAUTS DE HURLEMENT"...
UNE DATE DE LA PLUS HAUTE IMPORTANCE QUE J'AVAIS COMPLÈTEMENT OUBLIÉE...
?
AUJOURD'HUI, C'EST MON **ANNIVERSAIRE** !
SI J'AVAIS SU, J'AURAIS EXIGÉ MON RETARD DE SALAIRE DE PLUS DE 18 ANS POUR POUVOIR VOUS OFFRIR UN PETIT CADEAU !...
EUH... CE... CE N'EST PAS BIEN GRAVE, DISCIPLE... C'EST L'INTENTION QUI COMPTE !
MAIS NOUS ALLONS QUAND MÊME FÊTER DIGNEMENT CE JOUR BÉNI QUI A EU, IL Y A... EUH... UN CERTAIN TEMPS, L'HONNEUR DE VOIR NAÎTRE MES INCOMPARABLES PÉDONCULES CÉRÉBRAUX !...
QU'EN TERMES GALANTS CES CHOSES-LÀ SONT DITES !...
PRÉPAREZ-VOUS, DISCIPLE, JE VAIS AVOIR BESOIN DE VOUS !...
C'EST BIEN CE QUE JE CRAIGNAIS !...
QUEL HORRIBLE DESTIN !

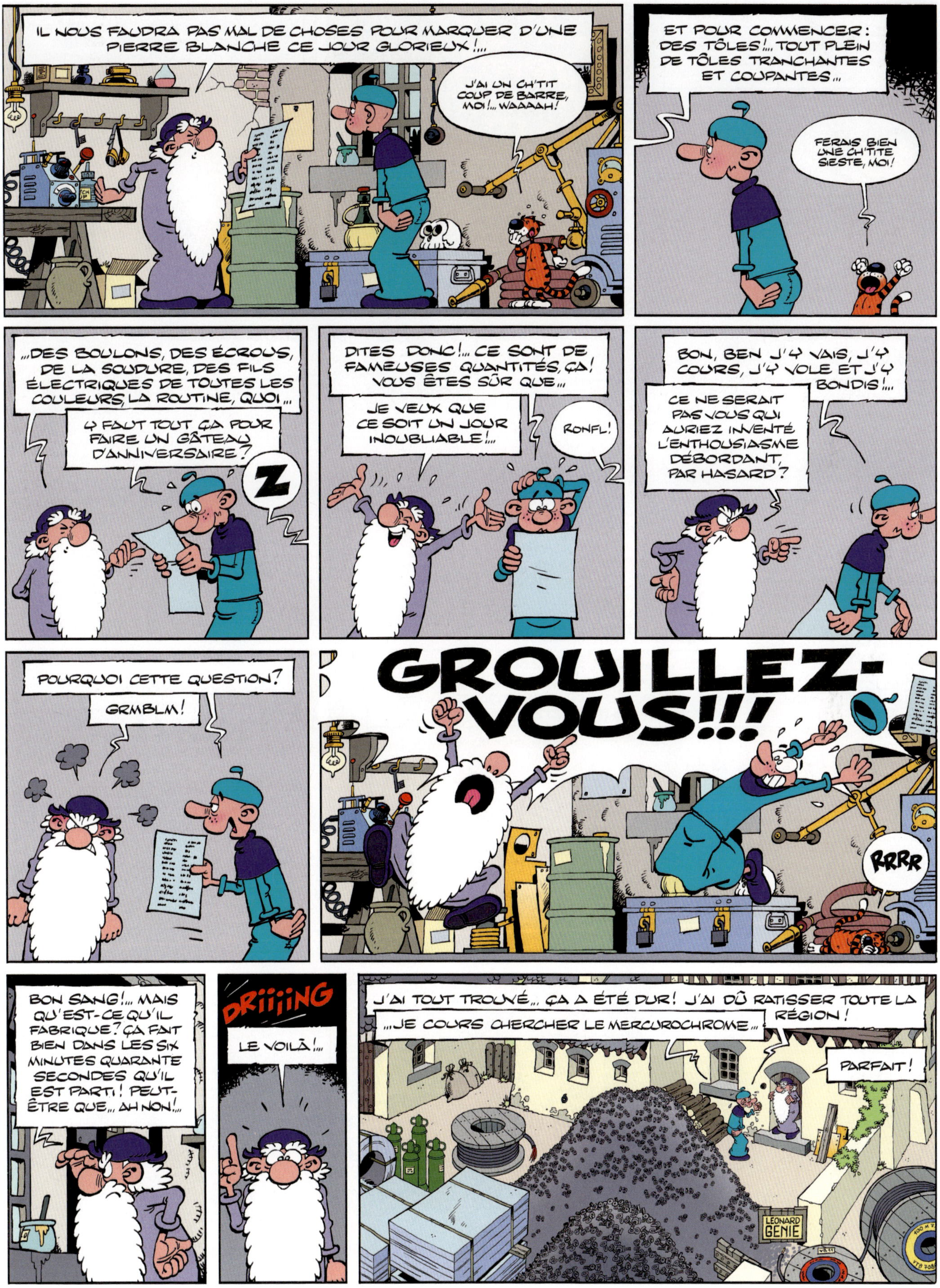
IL NOUS FAUDRA PAS MAL DE CHOSES POUR MARQUER D'UNE PIERRE BLANCHE CE JOUR GLORIEUX !...
J'AI UN CH'TIT COUP DE BARRE, MOI !... WAAAAH !
ET POUR COMMENCER : DES TÔLES !... TOUT PLEIN DE TÔLES TRANCHANTES ET COUPANTES...
FERAIS BIEN UNE CH'TITE SIESTE, MOI !
...DES BOULONS, DES ÉCROUS, DE LA SOUDURE, DES FILS ÉLECTRIQUES DE TOUTES LES COULEURS, LA ROUTINE, QUOI...
Y FAUT TOUT ÇA POUR FAIRE UN GÂTEAU D'ANNIVERSAIRE ?
Z
DITES DONC !... CE SONT DE FAMEUSES QUANTITÉS, ÇA ! VOUS ÊTES SÛR QUE...
JE VEUX QUE CE SOIT UN JOUR INOUBLIABLE !...
RONFL !
BON, BEN J'Y VAIS, J'Y COURS, J'Y VOLE ET J'Y BONDIS !...
CE NE SERAIT PAS VOUS QUI AURIEZ INVENTÉ L'ENTHOUSIASME DÉBORDANT, PAR HASARD ?
POURQUOI CETTE QUESTION ?
GRMBLM !
GROUILLEZ-VOUS !!!
RRRR
BON SANG !... MAIS QU'EST-CE QU'IL FABRIQUE ? ÇA FAIT BIEN DANS LES SIX MINUTES QUARANTE SECONDES QU'IL EST PARTI ! PEUT-ÊTRE QUE... AH NON !...
DRIIIING
LE VOILÀ !...
J'AI TOUT TROUVÉ... ÇA A ÉTÉ DUR ! J'AI DÛ RATISSER TOUTE LA RÉGION !
PARFAIT !
...JE COURS CHERCHER LE MERCUROCHROME...
LEONARD GENIE

OCCUPONS-NOUS D'ABORD DES INFRASTRUCTURES !... AMENEZ LES TÔLES, DISCIPLE...
PLAN
AÏE AÏE, SIR !
CLANG CLANG
CLANG AÏE ! CLANG
AÏE ! CLANG AÏE !
CLANG AÏE ! CLANG AÏE !
AÏE ! CLANG AÏE !
CLANG AÏE ! CLANG
AÏE ! CLANG AÏE !
AÏE ! CLANG AÏE ! CLANG
AÏE ! CLANG AÏE !
AÏE ! CLANG AÏE !
CLANG AÏE ! CLANG
IL MANQUE DEUX "CLANG" ET UN "AÏE", DISCIPLE !... SOYEZ PLUS À CE QUE VOUS FAITES, BON SANG !...
SNIF !
ÉBARBAGE !...
POLISSAGE !...
PLIAGE !...
BEAUCOUP PLUS TARD...
VOILÀ, VOILÀ, J'AI TERMINÉ, MAÎTRE !... ET AU VU DU NOMBRE DE BOBOS DIVERS, TOUTES LES TÔLES SONT PRÊTES !...
EUH !... MAGNIFIQUE ! PASSONS AUX SOUDURES ALORS...
NON ! PAS LES SOUDURES !!!
TUTUTUTUT ! VOUS SERVEZ LA SCIENCE ET C'EST VOTRE...
BRÛLURE !...
SOUDE SOUDE SOUDE
AÏCÉCHOOOOOO
SOUDE SOUDE SOUDE
MÉGABOBOOOOO
SOUDE SOUDE SOUDE
HYPERDOULEUR
...
TOUTES LES PIÈCES SONT SOUDÉES, MAÎTRE !...
... ET MOI AUSSI !...

EUH !... PARFAIT !... ON N'A PLUS QU'À LES HABILLER, ALORS...
Z
ET ALORS, "ON" ! QU'EST-CE QUE VOUS ATTENDEZ !
R
ON Y VA, ON Y COURT, ON Y VOLE, ON Y BONDIT !...
SNIF !
RONFL !
AÏE !... COUPECOUPE COUPE COUPE COUPE MON DOIGT ! ENCORE !!! OUAH ! PIQUE PIQUE PIQUE PIQUE PIQUE PIQU OUAH ! DANS MON DERNIER DOIGT ! TERMINE TERMINE...
JE FINIRAIS BIEN PAR ME DEMANDER S'IL NE LE FAIT PAS EXPRÈS !
WOUAAH !
TERMINE TERMINE BANDAGES DIVERS PANSEMENTS MERCUROCHROME
FAIT UNE BONNE CH'TITE SIESTE, MOI !
GRAT GRAT
PUISQUE "ON" A TERMINÉ, NOUS POUVONS COMMENCER LES ESSAIS !... PASSEZ-MOI LA TÉLÉCOMMANDE, DISCIPLE !
COMME AURAIT DIT MA MAMAN, C'EST QUE J'EN AVAIS BESOIN !
ALLONS-Y !... UN... DEUX... TROIS...
CLIC
JE ME SENS BEAUCOUP MIEUX...
TATATATATSTSAAA TATSTSAAA TCHING BOUM
J'AI UNE DE CES PÊCHES !
HAPPY BIRTHDAY TO YOU...
DITES, CE SERAIT BIEN DE LES UTILISER POUR LA FÊTE DU VILLAGE !
IMPOSSIBLE, JE LES AI RENTABILISÉS ! CE JOUR-LÀ, ILS SERONT À BAYREUTH... APRÈS, CE SERA MILAN, NEW YORK, TOKYO, ENSUITE...
POUR MOI, C'EST BON !... ON PEUT COMMENCER L'HISTOIRE QUAND ON VEUT !...
FIN

La clef du succès

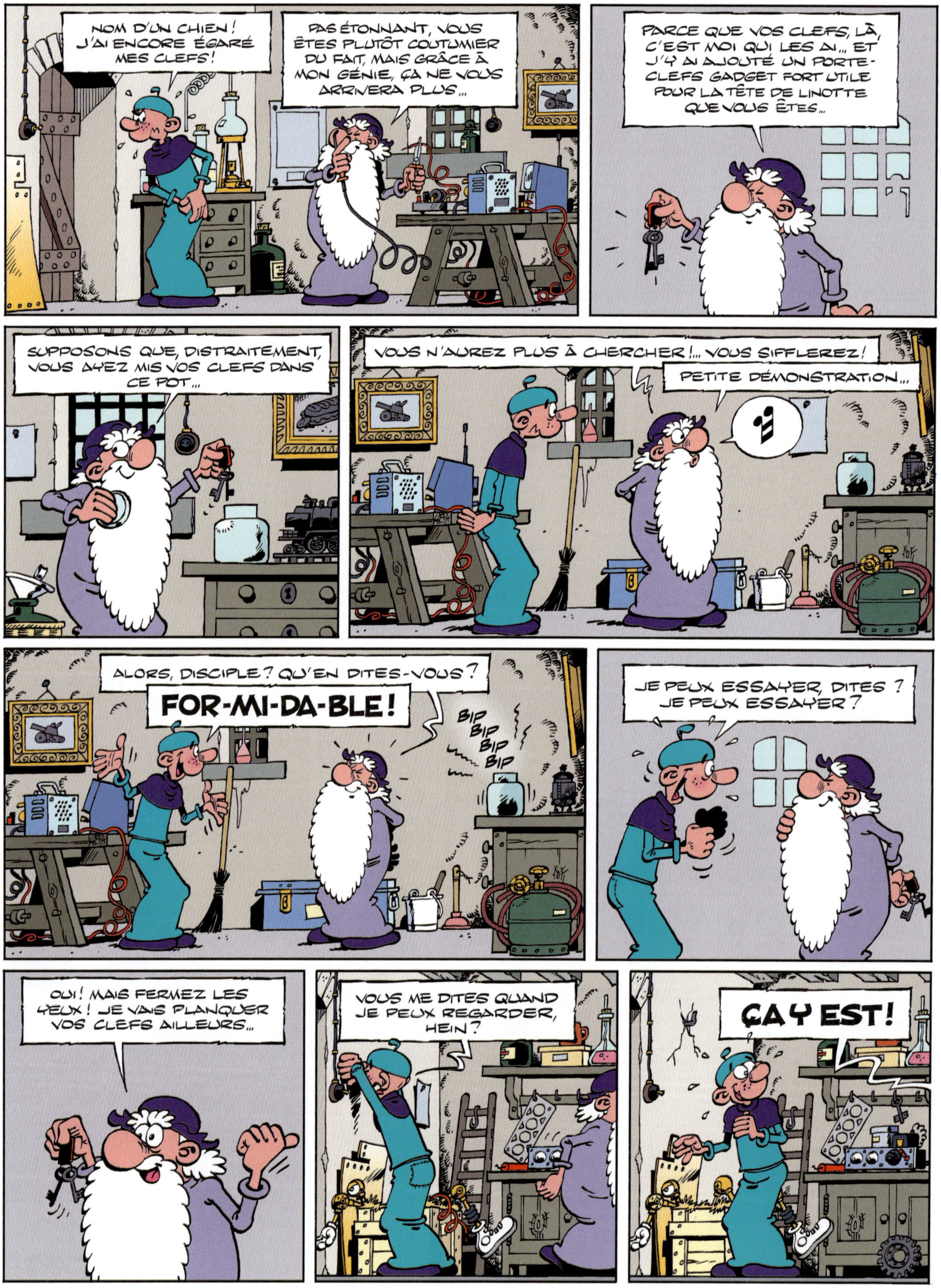

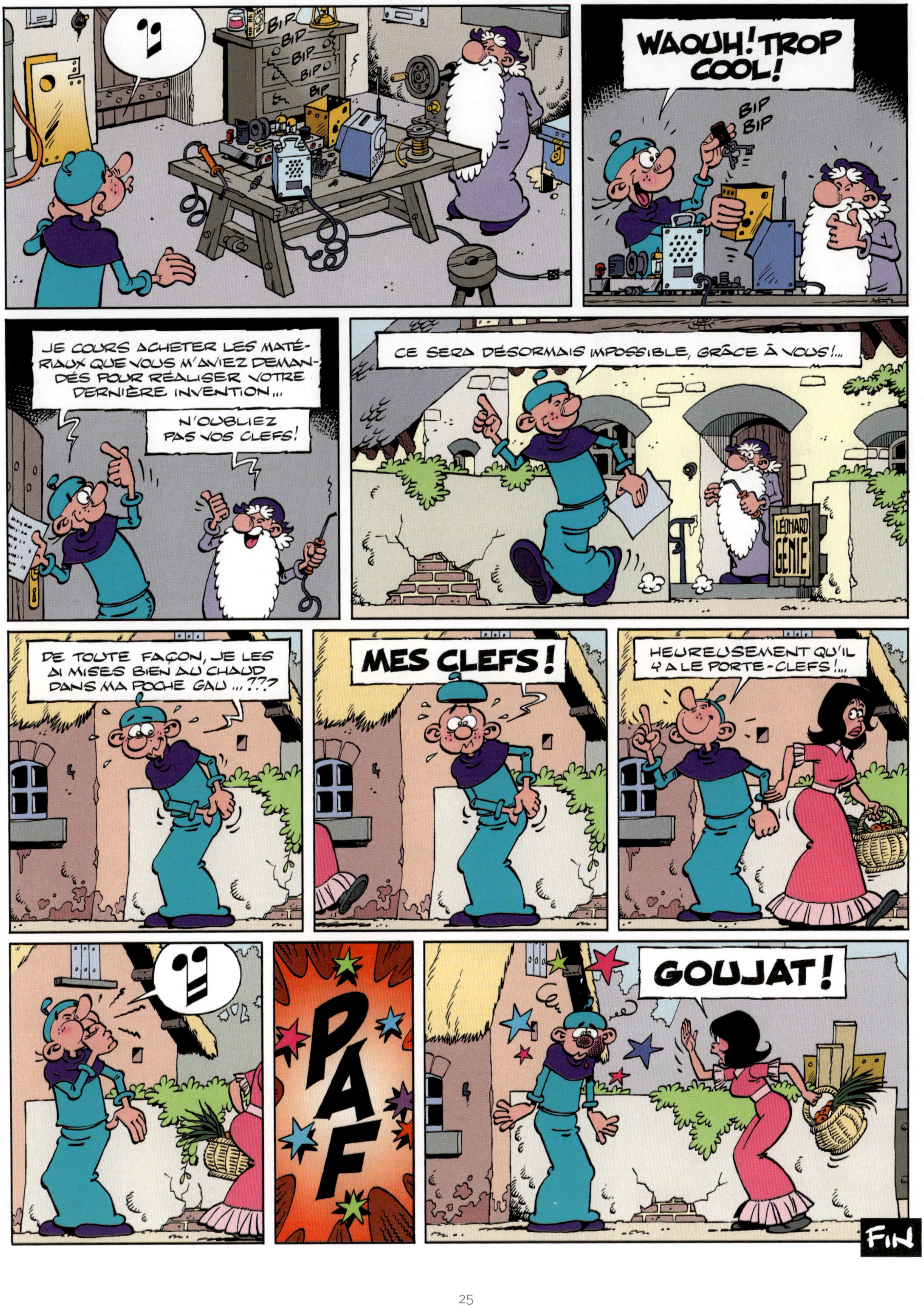
BIP BIP BIP BIP BIP
WAOUH! TROP COOL!
BIP BIP
JE COURS ACHETER LES MATÉRIAUX QUE VOUS M'AVIEZ DEMANDÉS POUR RÉALISER VOTRE DERNIÈRE INVENTION...
N'OUBLIEZ PAS VOS CLEFS!
CE SERA DÉSORMAIS IMPOSSIBLE, GRÂCE À VOUS !...
LÉONARD GÉNIE
DE TOUTE FAÇON, JE LES AI MISES BIEN AU CHAUD DANS MA POCHE GAU ...???
MES CLEFS !
HEUREUSEMENT QU'IL Y A LE PORTE-CLEFS !...
PAF
GOUJAT !
FIN

La force soit avec toi !

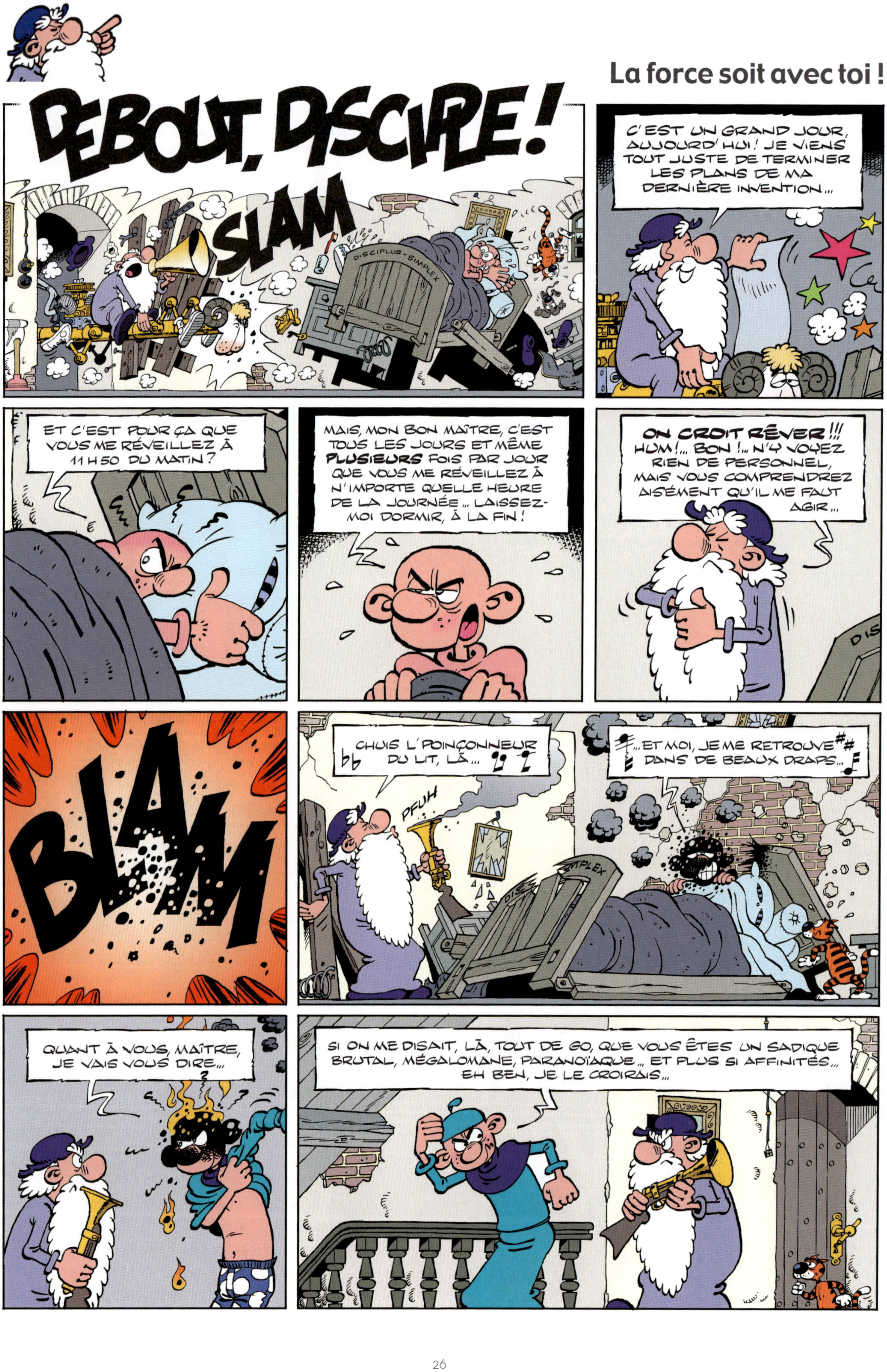

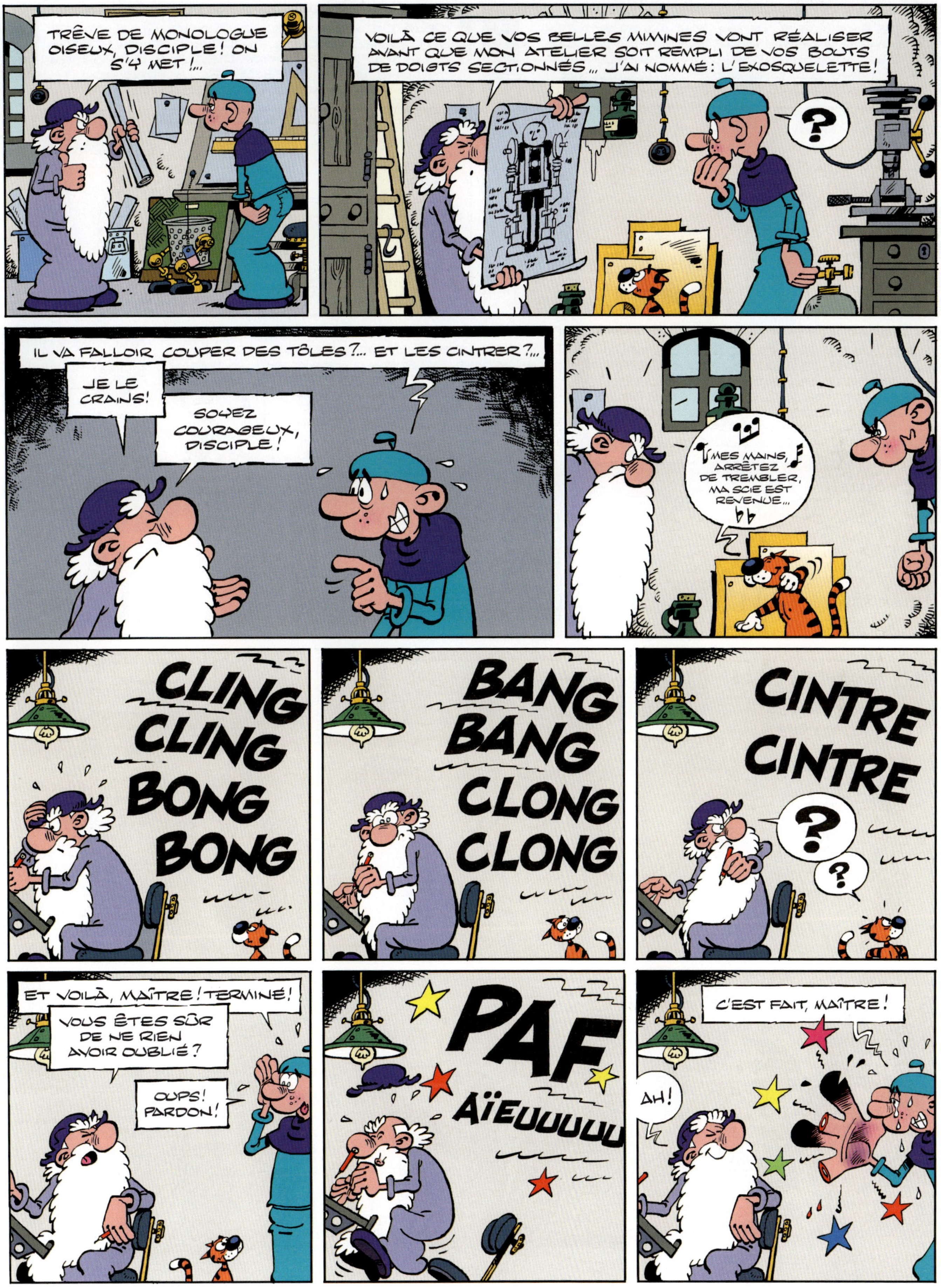
TRÊVE DE MONOLOGUE OISEUX, DISCIPLE ! ON S'Y MET !...
VOILÀ CE QUE VOS BELLES MIMINES VONT RÉALISER AVANT QUE MON ATELIER SOIT REMPLI DE VOS BOUTS DE DOIGTS SECTIONNÉS... J'AI NOMMÉ : L'EXOSQUELETTE !
?
IL VA FALLOIR COUPER DES TÔLES ?... ET LES CINTRER ?...
JE LE CRAINS !
SOYEZ COURAGEUX, DISCIPLE !
MES MAINS, ARRÊTEZ DE TREMBLER, MA SCIE EST REVENUE...
CLING CLING BONG BONG
BANG BANG CLONG CLONG
CINTRE CINTRE
?
?
ET VOILÀ, MAÎTRE ! TERMINÉ !
VOUS ÊTES SÛR DE NE RIEN AVOIR OUBLIÉ ?
OUPS ! PARDON !
PAF
AÏEUUUUU
C'EST FAIT, MAÎTRE !
AH !

JE SAIS... JE SUIS UN BRIN SUPERSTITIEUX, MAIS SI VOUS NE VOUS BLESSEZ PAS LORS DE LA RÉALISATION D'UNE DE MES INVENTIONS, J'AI L'IMPRESSION QUE CE NE SERA PAS UNE RÉUSSITE COMMERCIALE !
SNIF !
CELA DIT, VOUS PERDEZ QUAND MÊME TOUTE CETTE HEURE QU'IL FAUDRA À BERNADETTE POUR RAPIÉCER VOTRE DISCIPLE, QUI PERDRA DONC UNE HEURE D'ESCLAVAGE NON RÉMUNÉRÉ À VOTRE SERVICE !
POURQUOI, MAIS POURQUOI FAIS-JE DONC TOUS LES CAPRICES DE MON MAÎTRE ?
OUI, MAIS SI AU LEVER, MON DISCIPLE AVAIT ÉTÉ DÉTRUIT PHYSIQUEMENT, C'EÛT ÉTÉ PLUS DE DEUX HEURES QU'IL EUT FALLU À BERNADETTE POUR RACCOMMODER BASILE, QUI AURAIT AINSI PERDU DEUX HEURES D'ESCLAVAGE NON RÉMUNÉRÉ À MON SERVICE ET...
BON, BREF ! C'EST QUOI, D'ABORD, CET EXOSQUELETTE QUI M'A TANT FAIT SOUFFRIR ?
EXOSQUELETTE : N.M. DU GREC EXÔ, AU DEHORS, ET SKELETON, QUI SIGNIFIE MOMIE...
BOUGE PAS TANT !
A-M
C'EST PAS CLAIR !
MMH !...
VOYONS... COMMENT EXPLIQUER ÇA À UN ABRUTI COMME VOUS ?...
BON SANG ! MAIS OUI !!!
BLAM
VOILÀ ! COMME ÇA, VOTRE SQUELETTE EST AU-DEHORS DE VOUS, VOUS ÊTES D'ACCORD ?
FA, VE NE PUIS LE NIER !

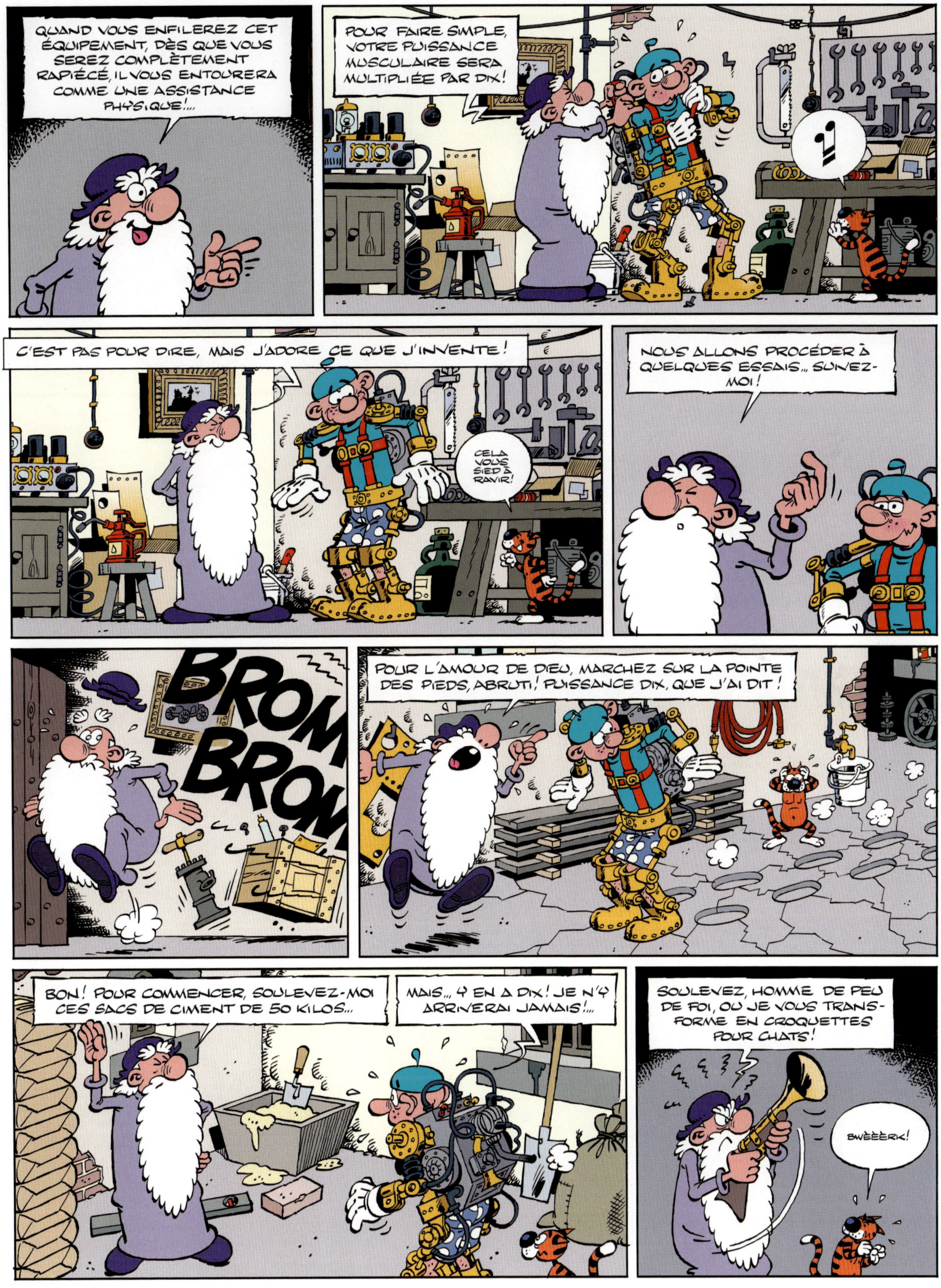
QUAND VOUS ENFILEREZ CET ÉQUIPEMENT, DÈS QUE VOUS SEREZ COMPLÈTEMENT RAPIÉCÉ, IL VOUS ENTOURERA COMME UNE ASSISTANCE PHYSIQUE !...
POUR FAIRE SIMPLE, VOTRE PUISSANCE MUSCULAIRE SERA MULTIPLIÉE PAR DIX !
C'EST PAS POUR DIRE, MAIS J'ADORE CE QUE J'INVENTE !
CELA VOUS SIED À RAVIR !
NOUS ALLONS PROCÉDER À QUELQUES ESSAIS... SUIVEZ-MOI !
BROM
BROM
POUR L'AMOUR DE DIEU, MARCHEZ SUR LA POINTE DES PIEDS, ABRUTI ! PUISSANCE DIX, QUE J'AI DIT !
BON ! POUR COMMENCER, SOULEVEZ-MOI CES SACS DE CIMENT DE 50 KILOS...
MAIS... Y EN A DIX ! JE N'Y ARRIVERAI JAMAIS !...
SOULEVEZ, HOMME DE PEU DE FOI, OU JE VOUS TRANSFORME EN CROQUETTES POUR CHATS !
BWÈÈÈRK !

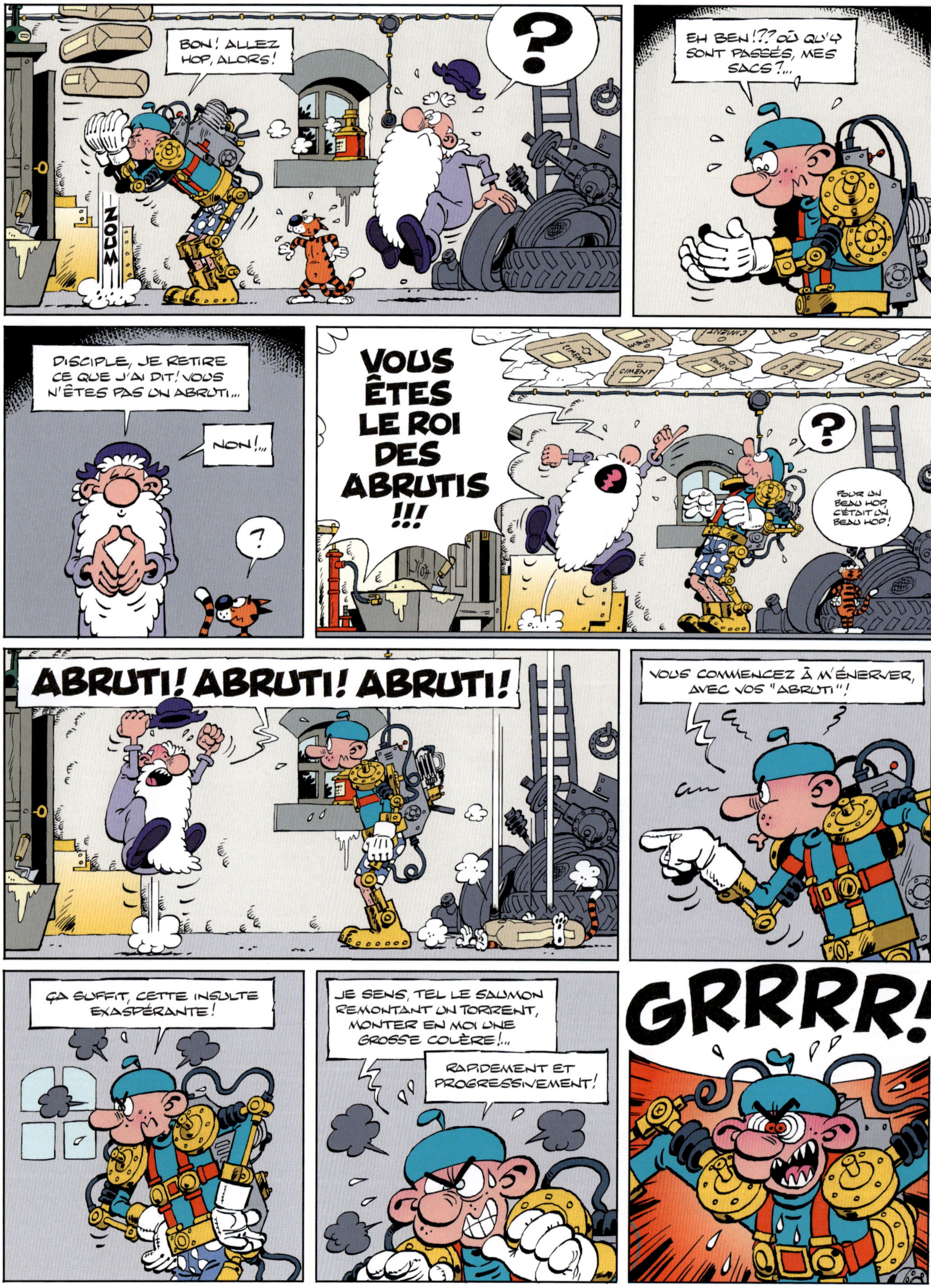
BON ! ALLEZ HOP, ALORS !
?
ZOUM
EH BEN !?? OÙ QU'Y SONT PASSÉS, MES SACS ?...
DISCIPLE, JE RETIRE CE QUE J'AI DIT ! VOUS N'ÊTES PAS UN ABRUTI...
NON !...
?
VOUS ÊTES LE ROI DES ABRUTIS !!!
?
POUR UN BEAU HOP, C'ÉTAIT UN BEAU HOP !
ABRUTI ! ABRUTI ! ABRUTI !
VOUS COMMENCEZ À M'ÉNERVER, AVEC VOS "ABRUTI" !
ÇA SUFFIT, CETTE INSULTE EXASPÉRANTE !
JE SENS, TEL LE SAUMON REMONTANT UN TORRENT, MONTER EN MOI UNE GROSSE COLÈRE !...
RAPIDEMENT ET PROGRESSIVEMENT !
GRRRR !

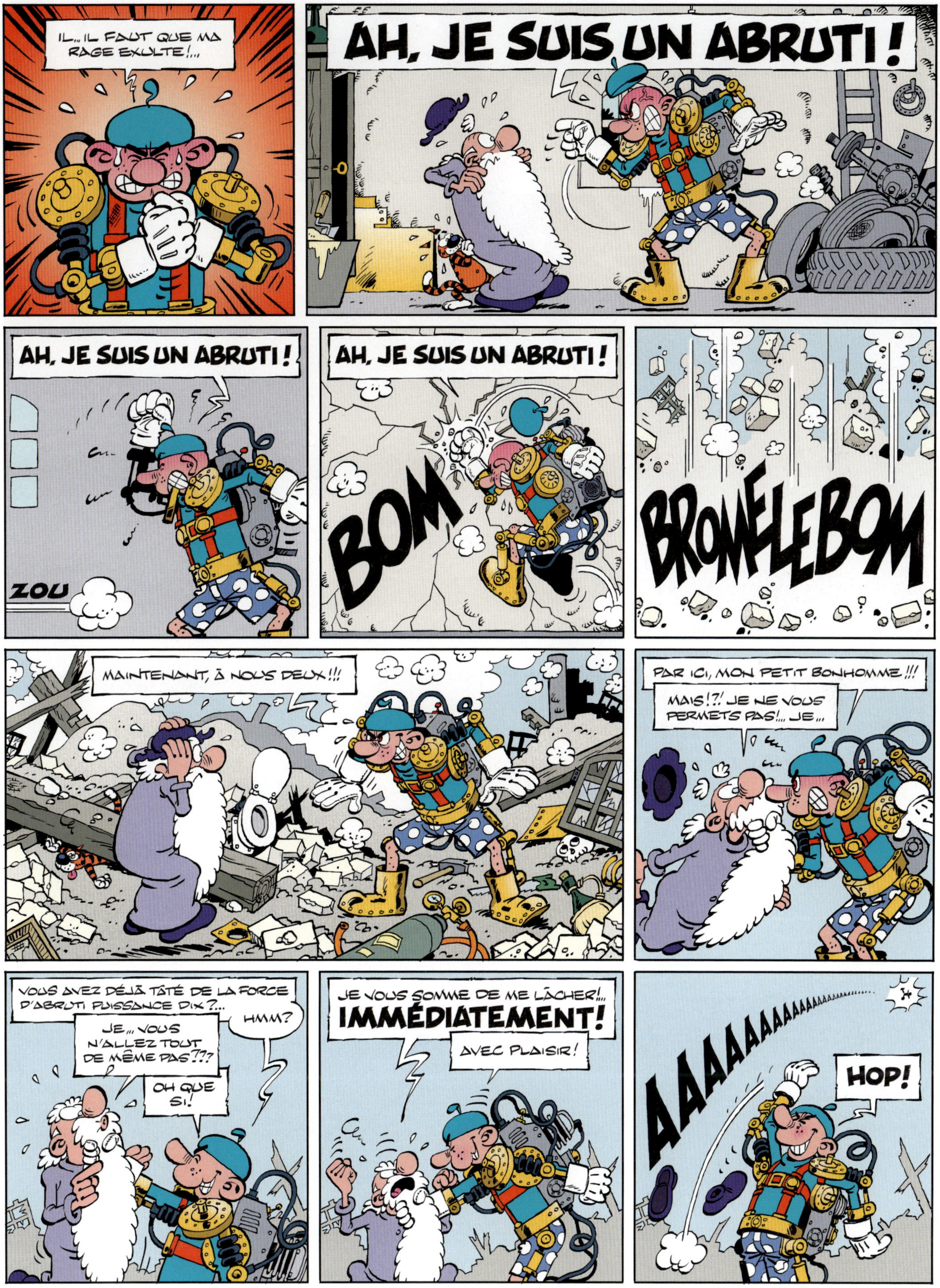

IL... IL FAUT QUE MA RAGE EXULTE !...
AH, JE SUIS UN ABRUTI !
AH, JE SUIS UN ABRUTI !
ZOU
AH, JE SUIS UN ABRUTI !
BOM
BROMFLEBOM
MAINTENANT, À NOUS DEUX !!!
PAR ICI, MON PETIT BONHOMME !!!
MAIS !?! JE NE VOUS PERMETS PAS !... JE...
VOUS AVEZ DÉJÀ TÂTÉ DE LA FORCE D'ABRUTI PUISSANCE DIX ?...
HMM ?
JE... VOUS N'ALLEZ TOUT DE MÊME PAS ???
OH QUE SI !
JE VOUS SOMME DE ME LÂCHER !... IMMÉDIATEMENT !
AVEC PLAISIR !
AAAAAAAAAAAAAAAAAA...
HOP !

CE DISCIPLE, DÈS QUE JE REDESCENDS, JE LE DESCENDS !
CE MAÎTRE, DÈS QU'IL REDESCEND, JE LE REMONTE !
SCULPTE
SCULPTE
ET QU'EST-CE QUE TU FAIS, TOI, CE WEEK-END ?
BOF ! COMME D'HAB' ... ON VA MANGER CHEZ LA BELLE-MÈRE ...
FIN

Un bruit qui court

BLAM
JE VOUS PARLE DE POLLUTION SONORE ET TOUT CE QUE VOUS TROUVEZ À DIRE C'EST "BLAM"?
CRAC PAF DONG
OOOH! EUH!... INCONTRÔLABLE TIC DOUBLÉ D'UN TOC! EXCUSEZ-MOI, DISCIPLE!...
FA ME FAIT UNE BELLE VAMBE!!!
SLAM SLAM PLIC PAN POUÊT
RENTRONS, IL ME FAUT DU CALME POUR RÉFLÉCHIR À UNE SOLUTION RAPIDE ET DÉFINITIVE...
...CONCERNANT CES BRUITS DIVERS AUTANT QU'INCONGRUS, JE...
ESSUYEZ-VOUS LES PIEDS! METTEZ LES PATINS!!!
SILENCE!!!
ON NE S'EN SORTIRA JAMAIS!!!

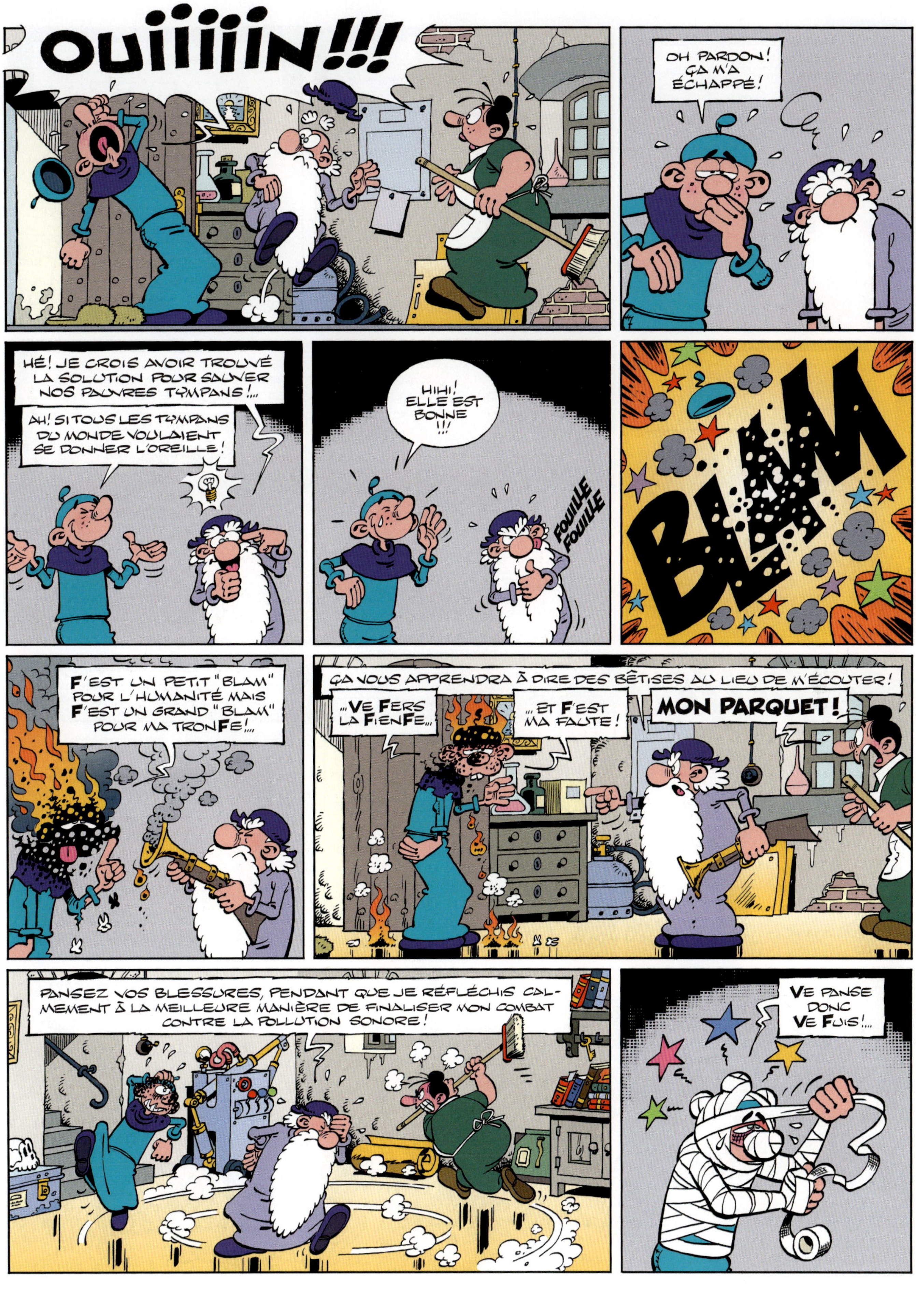
OUIIIIIN!!!
OH PARDON! ÇA M'A ÉCHAPPÉ!
HÉ! JE CROIS AVOIR TROUVÉ LA SOLUTION POUR SAUVER NOS PAUVRES TYMPANS!...
AH! SI TOUS LES TYMPANS DU MONDE VOULAIENT SE DONNER L'OREILLE!
HIHI! ELLE EST BONNE!!!
FOUILLE FOUILLE
BLAM
F'EST UN PETIT "BLAM" POUR L'HUMANITÉ MAIS F'EST UN GRAND "BLAM" POUR MA TRONFE!...
ÇA VOUS APPRENDRA À DIRE DES BÊTISES AU LIEU DE M'ÉCOUTER!
...VE FERS LA FIENFE...
...ET F'EST MA FAUTE!
MON PARQUET!
PANSEZ VOS BLESSURES, PENDANT QUE JE RÉFLÉCHIS CALMEMENT À LA MEILLEURE MANIÈRE DE FINALISER MON COMBAT CONTRE LA POLLUTION SONORE!
VE PANSE DONC VE FUIS!...

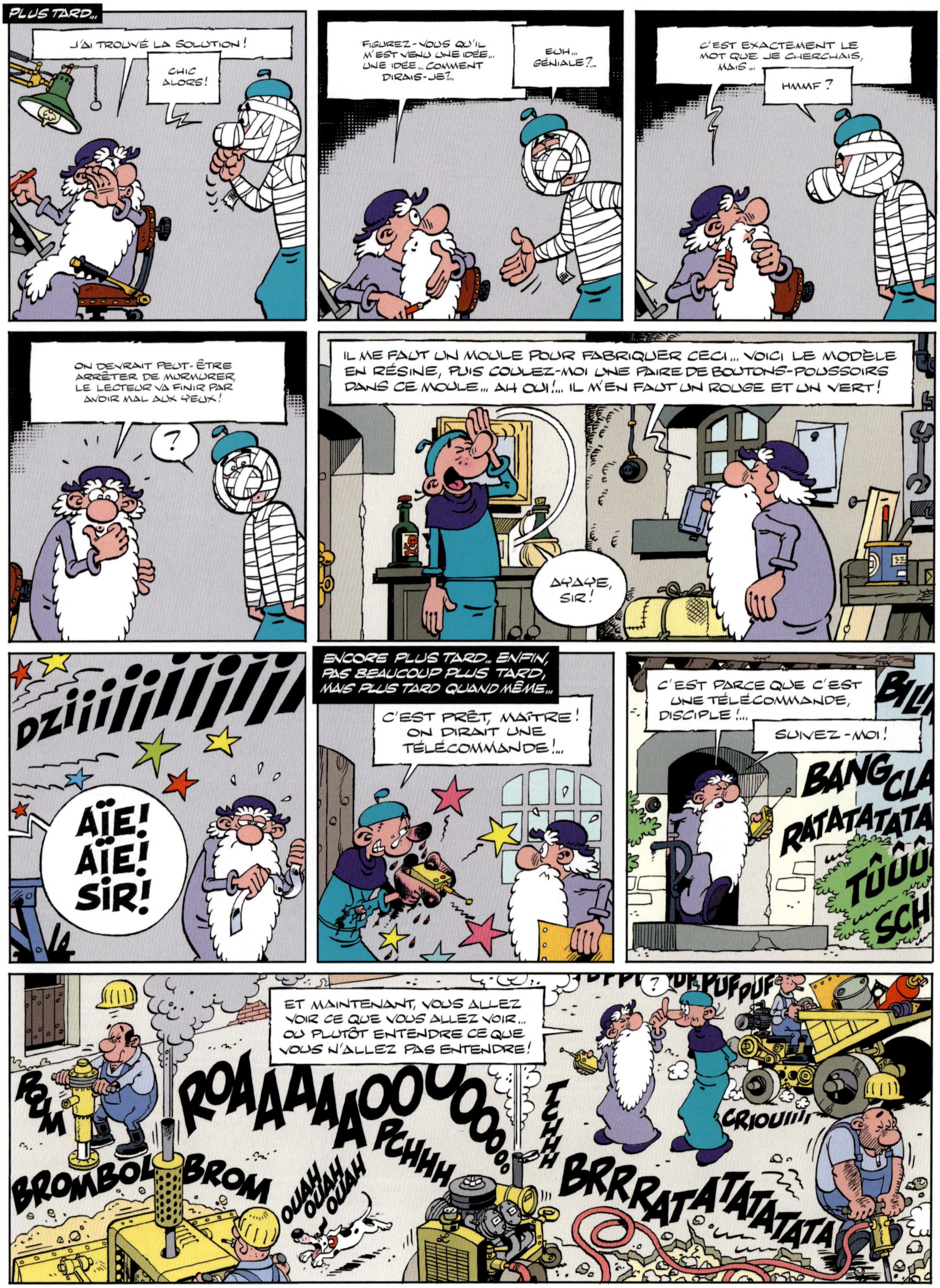
PLUS TARD...
J'AI TROUVÉ LA SOLUTION !
CHIC ALORS !
FIGUREZ-VOUS QU'IL M'EST VENU UNE IDÉE... UNE IDÉE... COMMENT DIRAIS-JE ?...
EUH... GÉNIALE ?...
C'EST EXACTEMENT LE MOT QUE JE CHERCHAIS, MAIS...
HMMF ?
ON DEVRAIT PEUT-ÊTRE ARRÊTER DE MURMURER, LE LECTEUR VA FINIR PAR AVOIR MAL AUX YEUX !
?
IL ME FAUT UN MOULE POUR FABRIQUER CECI... VOICI LE MODÈLE EN RÉSINE, PUIS COULEZ-MOI UNE PAIRE DE BOUTONS-POUSSOIRS DANS CE MOULE... AH OUI !... IL M'EN FAUT UN ROUGE ET UN VERT !
AYAYE, SIR !
DZIIIIIIIIII
AÏE! AÏE! SIR!
ENCORE PLUS TARD... ENFIN, PAS BEAUCOUP PLUS TARD, MAIS PLUS TARD QUAND MÊME...
C'EST PRÊT, MAÎTRE ! ON DIRAIT UNE TÉLÉCOMMANDE !...
C'EST PARCE QUE C'EST UNE TÉLÉCOMMANDE, DISCIPLE !...
SUIVEZ-MOI !
BANG
RATATATATA
ET MAINTENANT, VOUS ALLEZ VOIR CE QUE VOUS ALLEZ VOIR... OU PLUTÔT ENTENDRE CE QUE VOUS N'ALLEZ PAS ENTENDRE !
?
PUF PUF
POUM
ROAAAAAAOOOOOOooo
TCHHHH
CRIOUIII
PCHHH
BROMBOL BROM
OUAH OUAH OUAH
BRRRATATATATATA

JE POUSSE SUR LE BOUTON ROUGE ET...
ALORS, DISCIPLE, QU'EN PENSEZ-VOUS ?
MAGNIFIQUE, MAÎTRE, QUEL SILENCE ! ON N'ENTEND PAS UNE MOUCHE VOLER !
MAIS ON PEUT ENCORE S'ENTENDRE PARLER ! PAR CONTRE...
... SI JE POUSSE SUR LE BOUTON VERT, LÀ, LE SON REVIENT...
TCHOUF TCHOUF TCHOUF
PUF PUF PUF PUF
TAC
TAC
TAC
BRATATATATA
POUF
ET SI JE POUSSE SUR LE ROUGE SANS RELÂCHER ...
BILING
CLIC
ET, BIEN SÛR, SI, PENDANT CE SILENCE ABSOLU, JE VOUS...
ICI, IMAGINEZ LE BLAM ÉNORME QUE VOUS NE POUVEZ OUÏR.
Formidable ! j'ai rien entendu et j'ai tout senti !
STOP
PROFITONS DE CE SILENCE TANT MÉRITÉ ! DÉGUSTONS-LE, TEL UN METS RARE...
V'AI DÉVÀ DÉGUFTÉ !
MERFI !

MAIS VE DÉGUFTERAIS MIEUX FI V'AVAIS ENCORE UNE LANGUE !
ALORS, DISCIPLE, VOUS SAISISSEZ MIEUX CE QUE VEUT DIRE LE SILENCE EST D'OR?
CLIC
FI VE LUI RÉPONDS, VE FUIS FÛR DE PERDRE LES QUATRE QUENOTTES QU'IL ME REFTE !
CRIOUI
RENTRONS !... L'ESSAI EST CONCLUANT ET IL FAUT QUE VOUS VOUS REFASSIEZ UNE BEAUTÉ ET QUELQUES POINTS DE SUTURE...
POUF
TAC POUF
TAC POUF
RATATATATA
CRRRR
APRÈS MOI, DISCIPLE !
TUF TUF
LES PATINS, J'AI DIT !!!
ET CESSEZ CES ALLÉES ET VENUES QUI ME SALISSENT T...
CLIC
BON ! DÈS QUE VOUS SEREZ RETAPÉ, NOUS RESSORTIRONS TERMINER LES TESTS !

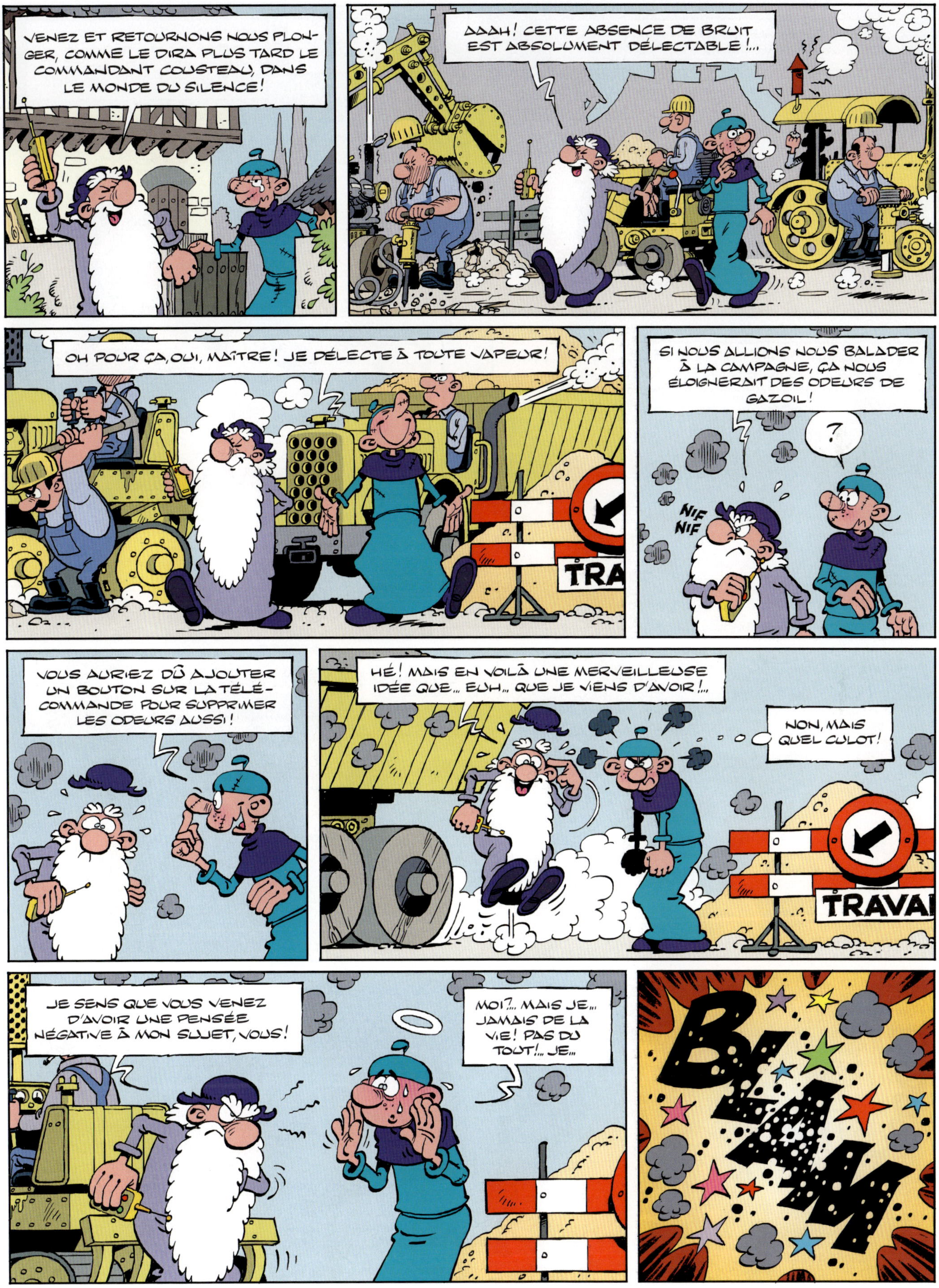
VENEZ ET RETOURNONS NOUS PLONGER, COMME LE DIRA PLUS TARD LE COMMANDANT COUSTEAU, DANS LE MONDE DU SILENCE!
AAAH! CETTE ABSENCE DE BRUIT EST ABSOLUMENT DÉLECTABLE!...
OH POUR ÇA, OUI, MAÎTRE! JE DÉLECTE À TOUTE VAPEUR!
TRA
SI NOUS ALLIONS NOUS BALADER À LA CAMPAGNE, ÇA NOUS ÉLOIGNERAIT DES ODEURS DE GAZOIL!
?
NIF NIF
VOUS AURIEZ DÛ AJOUTER UN BOUTON SUR LA TÉLÉCOMMANDE POUR SUPPRIMER LES ODEURS AUSSI!
HÉ! MAIS EN VOILÀ UNE MERVEILLEUSE IDÉE QUE... EUH... QUE JE VIENS D'AVOIR!...
NON, MAIS QUEL CULOT!
TRAVAI
JE SENS QUE VOUS VENEZ D'AVOIR UNE PENSÉE NÉGATIVE À MON SUJET, VOUS!
MOI?... MAIS JE... JAMAIS DE LA VIE! PAS DU TOUT!... JE...
BLAM

MAIS BON FANG, COMBIEN AVEZ-VOUS DE MUNIFIONS DANS FE TROMBLON ?
4815 PLUS UNE DANS LE CANON !
V'EFPÈRE QU'IL REFTERA AFFEZ DE FIL POUR ME REFAIRE MES POINTS DE FUTURE TOUT NEUFS !...
MAINTENANT, ON SE TAIT ET ON NE TROUBLE PLUS LE SILENCE, SINON...
FNIF !
ICI, IL Y A UN ÉNORME BOUM, MAIS POUR LE PERCEVOIR, IL FAUT À NOUVEAU POUSSER SUR LE BOUTON VERT DE LA TÉLÉCOMMANDE.
DÉSOLÉ !... JE N'AI PAS PU FREINER À TEMPS ET MA SIRÈNE N'ÉMET PLUS AUCUN SON !
BREF...
ROOOOO...
TAC POUM TAC POUM
TAKATAKATAKATA
VROOM VROOM
CRRR
OUAH OUAH OUAH
BROMBOLOM
PUF PUF PUF
CRIOUII
AAH, LA VACHE ! ÇA FAIT DU BIEN !
FIN

Au pied de la lettre

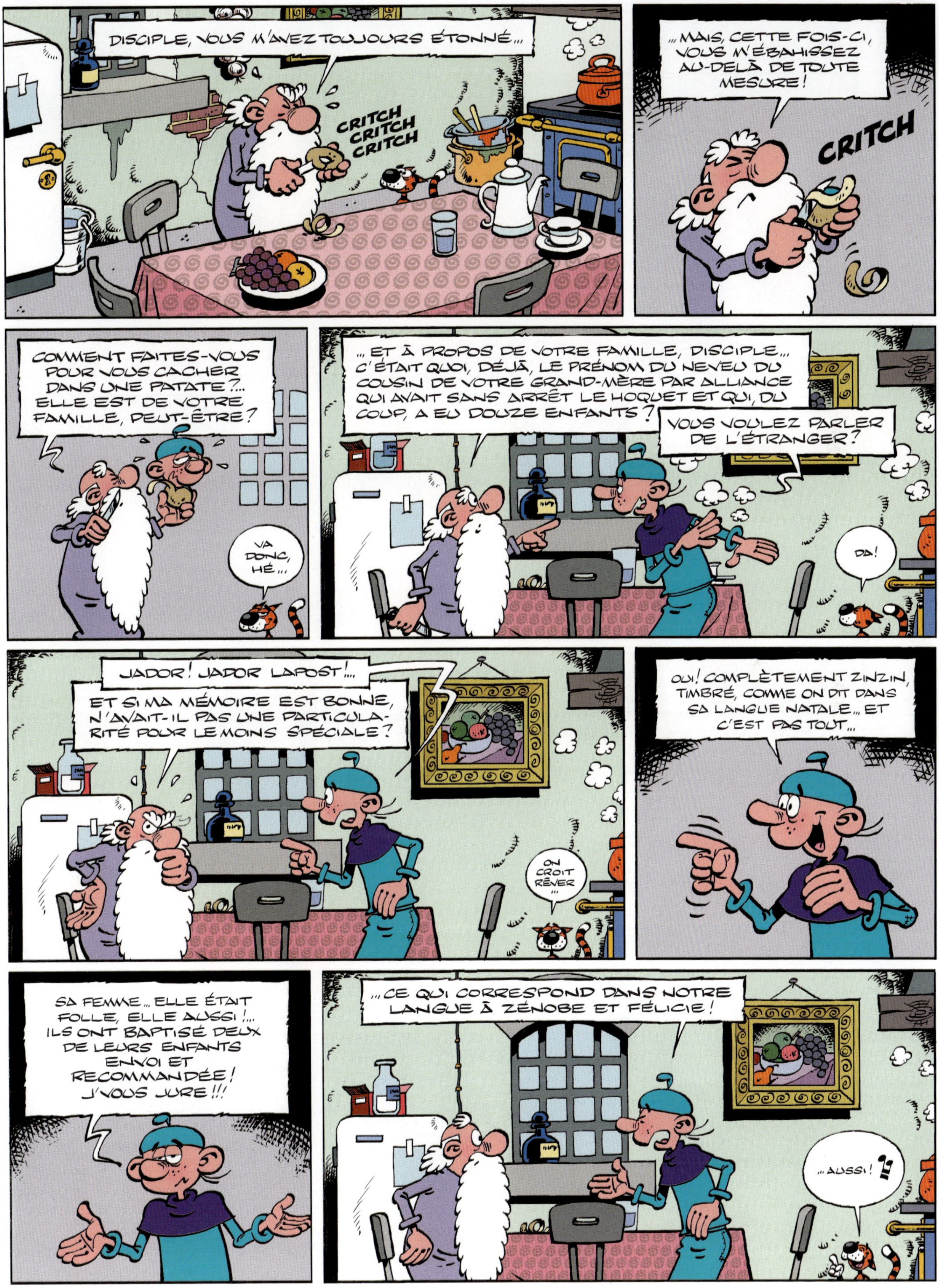

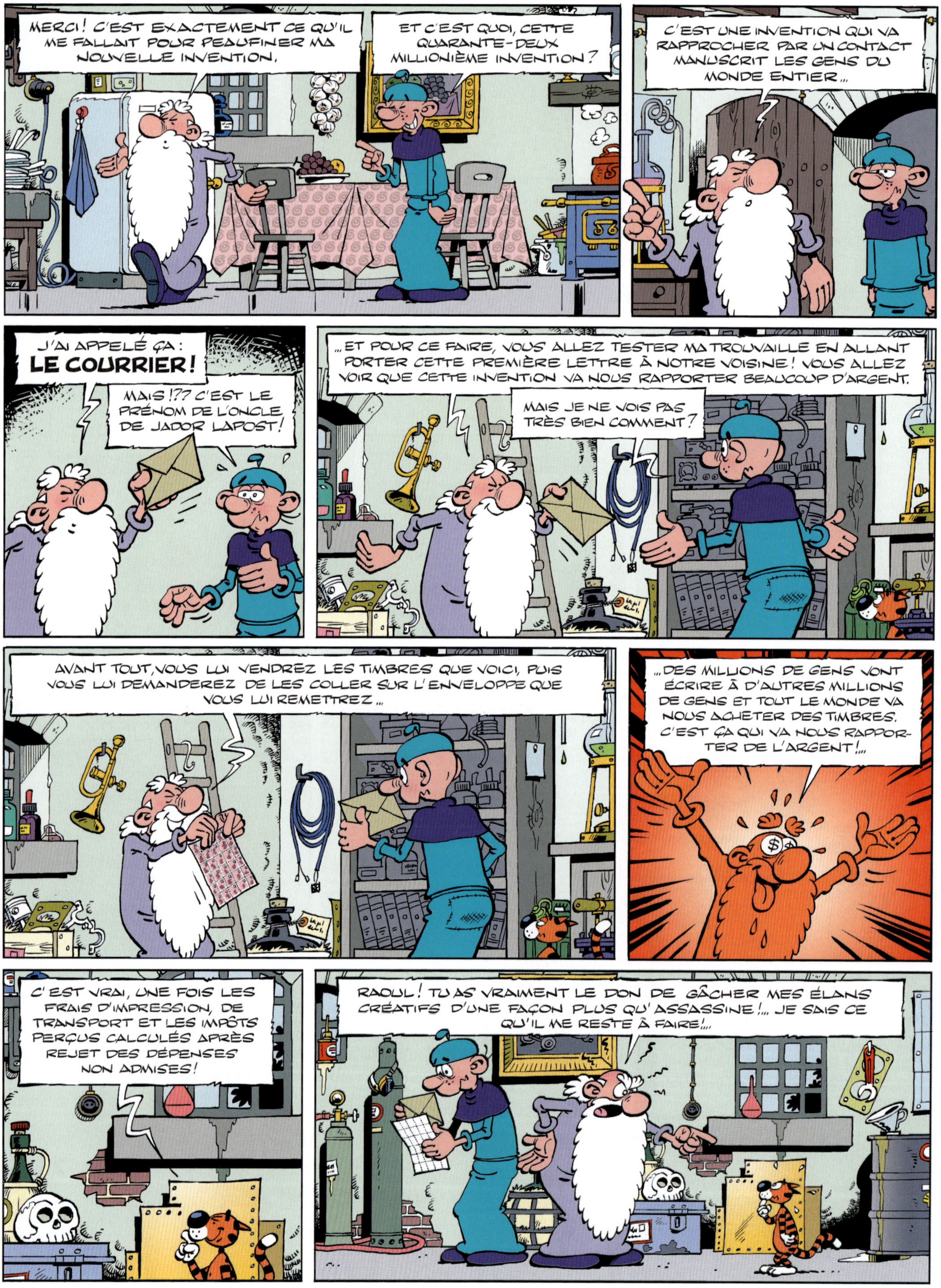

MERCI ! C'EST EXACTEMENT CE QU'IL ME FALLAIT POUR PEAUFINER MA NOUVELLE INVENTION.
ET C'EST QUOI, CETTE QUARANTE-DEUX MILLIONIÈME INVENTION ?
C'EST UNE INVENTION QUI VA RAPPROCHER PAR UN CONTACT MANUSCRIT LES GENS DU MONDE ENTIER...
J'AI APPELÉ ÇA : LE COURRIER !
MAIS !?? C'EST LE PRÉNOM DE L'ONCLE DE JADOR LAPOST !
...ET POUR CE FAIRE, VOUS ALLEZ TESTER MA TROUVAILLE EN ALLANT PORTER CETTE PREMIÈRE LETTRE À NOTRE VOISINE ! VOUS ALLEZ VOIR QUE CETTE INVENTION VA NOUS RAPPORTER BEAUCOUP D'ARGENT.
MAIS JE NE VOIS PAS TRÈS BIEN COMMENT ?
AVANT TOUT, VOUS LUI VENDREZ LES TIMBRES QUE VOICI, PUIS VOUS LUI DEMANDEREZ DE LES COLLER SUR L'ENVELOPPE QUE VOUS LUI REMETTREZ...
...DES MILLIONS DE GENS VONT ÉCRIRE À D'AUTRES MILLIONS DE GENS ET TOUT LE MONDE VA NOUS ACHETER DES TIMBRES. C'EST ÇA QUI VA NOUS RAPPORTER DE L'ARGENT !...
C'EST VRAI, UNE FOIS LES FRAIS D'IMPRESSION, DE TRANSPORT ET LES IMPÔTS PERÇUS CALCULÉS APRÈS REJET DES DÉPENSES NON ADMISES !
RAOUL ! TU AS VRAIMENT LE DON DE GÂCHER MES ÉLANS CRÉATIFS D'UNE FAÇON PLUS QU'ASSASSINE !... JE SAIS CE QU'IL ME RESTE À FAIRE !...

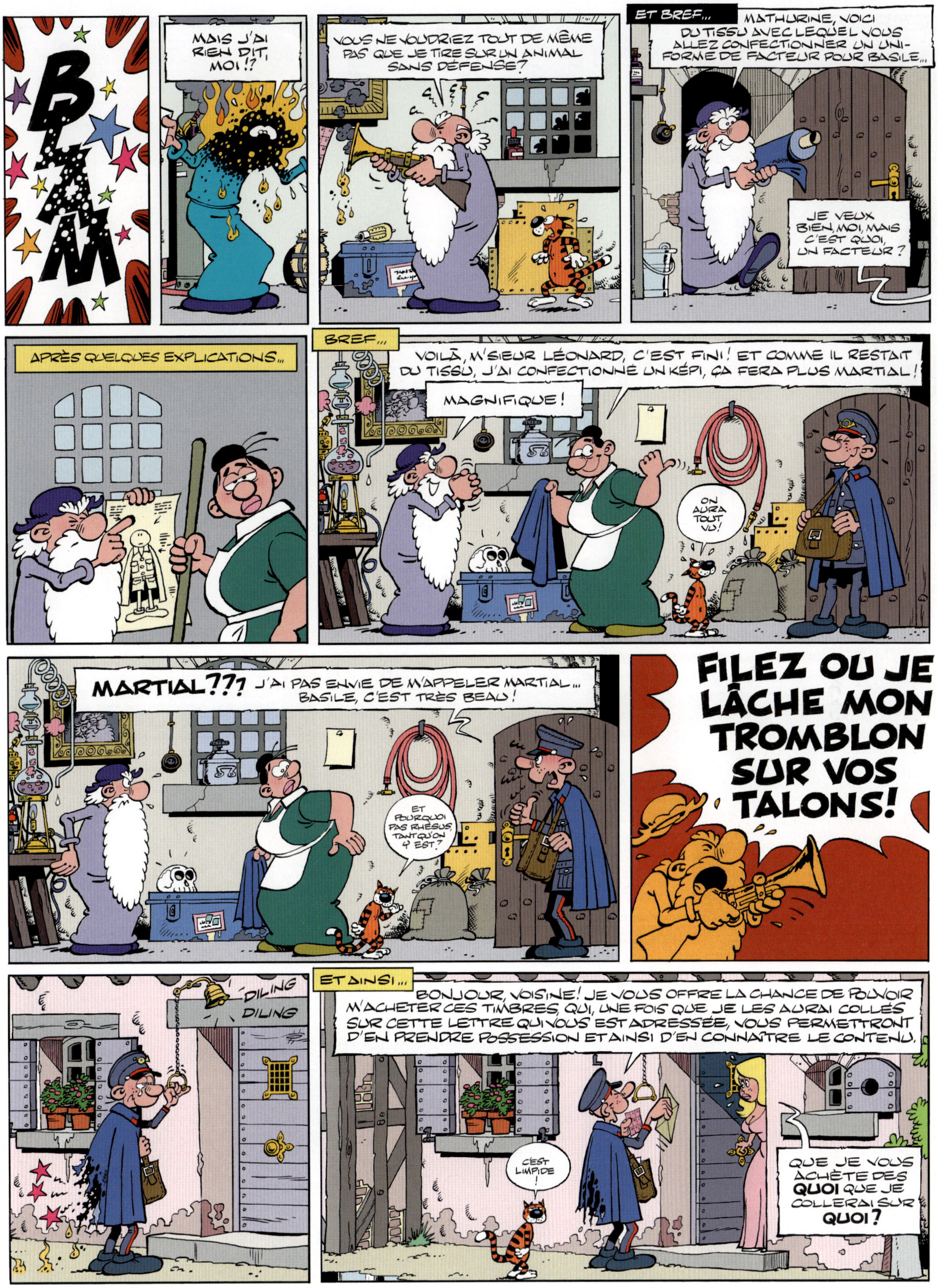
BLAM
MAIS J'AI RIEN DIT, MOI !?
VOUS NE VOUDRIEZ TOUT DE MÊME PAS QUE JE TIRE SUR UN ANIMAL SANS DÉFENSE ?
ET BREF...
MATHURINE, VOICI DU TISSU AVEC LEQUEL VOUS ALLEZ CONFECTIONNER UN UNIFORME DE FACTEUR POUR BASILE...
JE VEUX BIEN, MOI, MAIS C'EST QUOI, UN FACTEUR ?
APRÈS QUELQUES EXPLICATIONS...
BREF...
VOILÀ, M'SIEUR LÉONARD, C'EST FINI ! ET COMME IL RESTAIT DU TISSU, J'AI CONFECTIONNÉ UN KÉPI, ÇA FERA PLUS MARTIAL !
MAGNIFIQUE !
ON AURA TOUT VU !
MARTIAL ??? J'AI PAS ENVIE DE M'APPELER MARTIAL... BASILE, C'EST TRÈS BEAU !
ET POURQUOI PAS RHÉSUS, TANT QU'ON Y EST ?
FILEZ OU JE LÂCHE MON TROMBLON SUR VOS TALONS !
DILING DILING
ET AINSI...
BONJOUR, VOISINE ! JE VOUS OFFRE LA CHANCE DE POUVOIR M'ACHETER CES TIMBRES, QUI, UNE FOIS QUE JE LES AURAI COLLÉS SUR CETTE LETTRE QUI VOUS EST ADRESSÉE, VOUS PERMETTRONT D'EN PRENDRE POSSESSION ET AINSI D'EN CONNAÎTRE LE CONTENU.
C'EST LIMPIDE !
QUE JE VOUS ACHÈTE DES **QUOI** QUE JE COLLERAI SUR **QUOI** ?

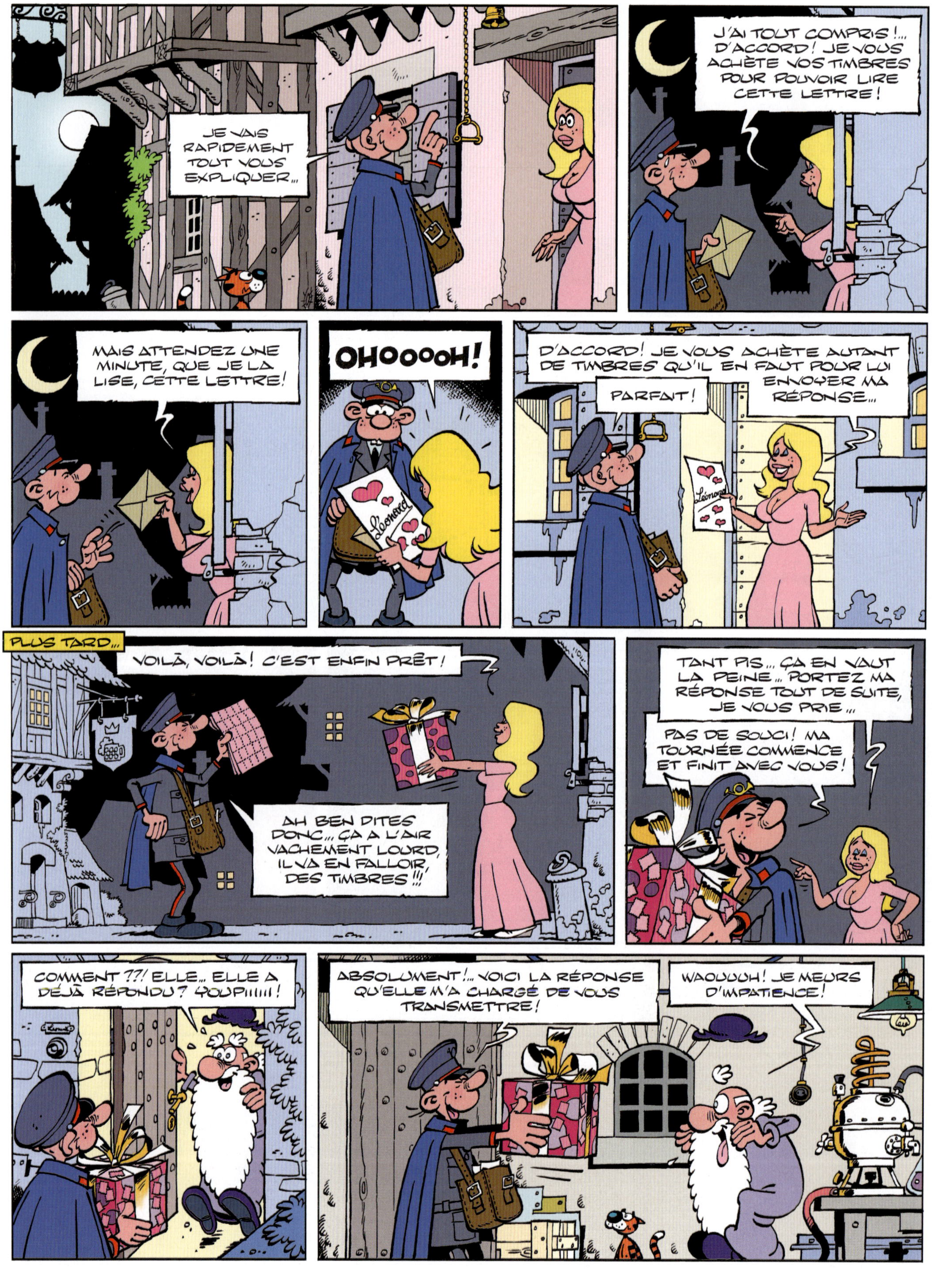
JE VAIS RAPIDEMENT TOUT VOUS EXPLIQUER...
J'AI TOUT COMPRIS !... D'ACCORD ! JE VOUS ACHÈTE VOS TIMBRES POUR POUVOIR LIRE CETTE LETTRE !
MAIS ATTENDEZ UNE MINUTE, QUE JE LA LISE, CETTE LETTRE !
OHOOOOH !
Léonard
D'ACCORD ! JE VOUS ACHÈTE AUTANT DE TIMBRES QU'IL EN FAUT POUR LUI ENVOYER MA RÉPONSE...
PARFAIT !
PLUS TARD...
VOILÀ, VOILÀ ! C'EST ENFIN PRÊT !
AH BEN DITES DONC... ÇA A L'AIR VACHEMENT LOURD, IL VA EN FALLOIR, DES TIMBRES !!!
TANT PIS... ÇA EN VAUT LA PEINE... PORTEZ MA RÉPONSE TOUT DE SUITE, JE VOUS PRIE...
PAS DE SOUCI ! MA TOURNÉE COMMENCE ET FINIT AVEC VOUS !
COMMENT ??! ELLE... ELLE A DÉJÀ RÉPONDU ? YOUPI!!!!!!!
ABSOLUMENT !... VOICI LA RÉPONSE QU'ELLE M'A CHARGÉ DE VOUS TRANSMETTRE !
WAOUUUH ! JE MEURS D'IMPATIENCE !

JE DÉBALLE IMPATIEMMENT !...
IMPATIEMMENT, MAIS AMOUREUSEMENT TOUT DE MÊME...
BLINK
OH ! BEN ÇA ! ÇA VOUS EN FOUT UN COUP, LÀ !
F'EST PAS FAUX !...
IL VIENT D'INVENTER LE COUP DE FOUDRE !
FIENTIFIQUEMENT, DEUX CONCLUVIONS F'IMPOVENT...
UN : LA VOISINE NE M'AIME PAS...
SNIF !
DEUX : LE MONDE N'EST PAS PRÊT À COMPRENDRE L'IMMENSITÉ DES SERVICES QUE PEUT LUI APPORTER LA POSTE...
TANT PIS POUR LUI !...
CE N'EST PAS ÇA QUI ARRÊTERA MON GÉNIE... JE COURS INVENTER L'E-MAIL !
FIN

Passe-temps !

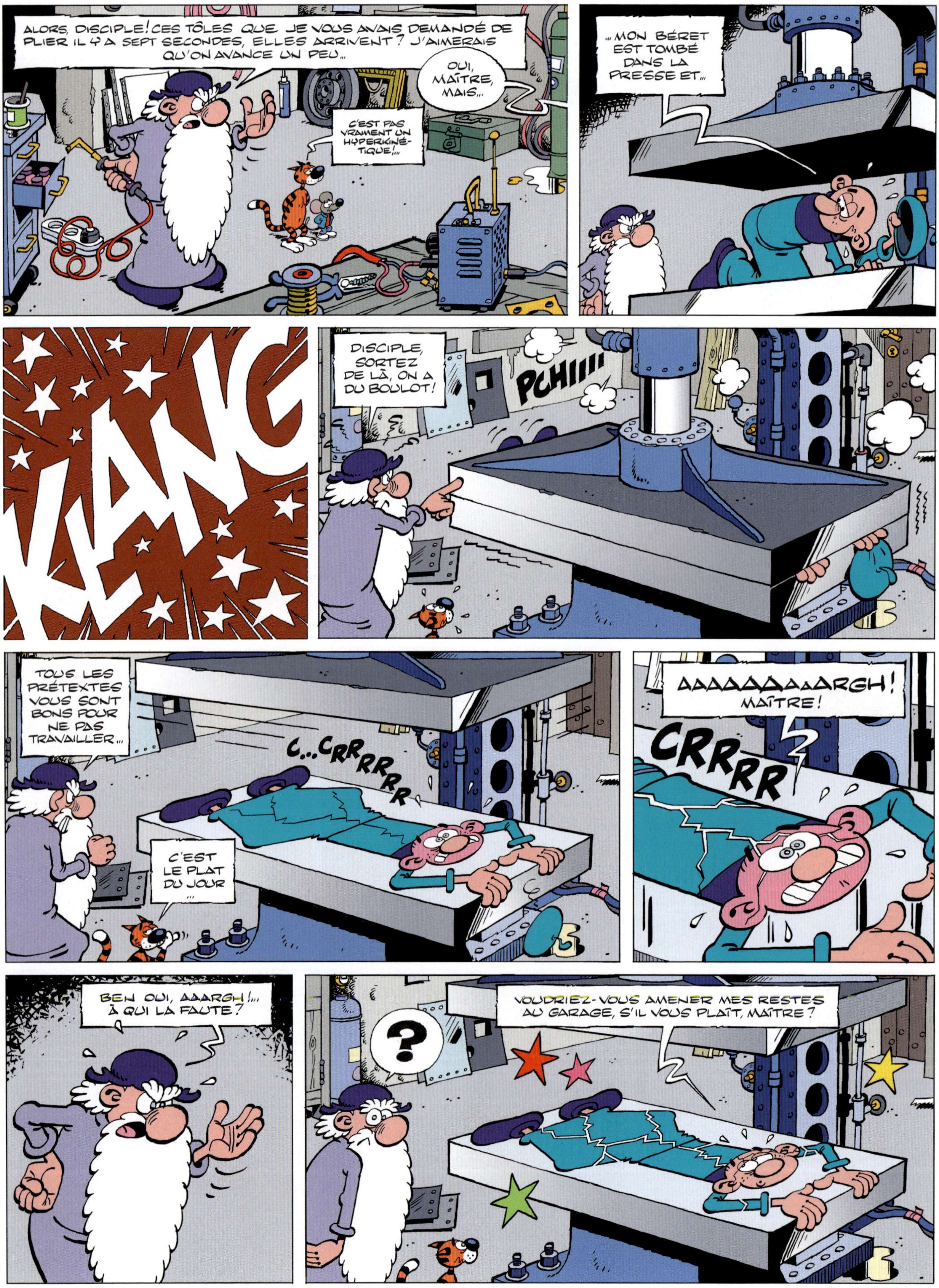

ALORS, DISCIPLE ! CES TÔLES QUE JE VOUS AVAIS DEMANDÉ DE PLIER IL Y A SEPT SECONDES, ELLES ARRIVENT ? J'AIMERAIS QU'ON AVANCE UN PEU...
OUI, MAÎTRE, MAIS...
C'EST PAS VRAIMENT UN HYPERKINÉ-TIQUE !...
...MON BÉRET EST TOMBÉ DANS LA PRESSE ET...
KLANG
DISCIPLE, SORTEZ DE LÀ, ON A DU BOULOT !
PCHIIIII
TOUS LES PRÉTEXTES VOUS SONT BONS POUR NE PAS TRAVAILLER...
C...CRRRRRR
C'EST LE PLAT DU JOUR ...
AAAAAAAAARGH ! MAÎTRE !
CRRRR
BEN OUI, AAARGH !... À QUI LA FAUTE ?
?
VOUDRIEZ-VOUS AMENER MES RESTES AU GARAGE, S'IL VOUS PLAÎT, MAÎTRE ?

SI VOUS CROYEZ QUE JE VAIS PASSER MA VIE À FAIRE TOUS VOS CAPRICES, VOUS VOUS METTEZ CE QUI RESTE DE VOTRE DOIGT DANS L'OEIL QUI N'EST PAS ENCORE DESTROY !
METTEZ MES DÉBRIS DANS LA VOITURE À REMONTER LE TEMPS !
DRÔLE D'ENDROIT POUR ACHEVER VOS DERNIÈRES HEURES DANS DES DOULEURS INSURMONTABLES...
ENFIN !... CE SONT VOS RESTES, APRÈS TOUT !... C'EST VOUS QUI VOYEZ !
... MOINS 11 MINUTES !...
CRIIC CRIIC
ENCLENCHER LA MISE EN MARCHE ET DESSERRER LE FREIN TEMPOREL...
CRRR
GNIGNIGNI
VRROUM
WIIIIIIIIII
BLITZ

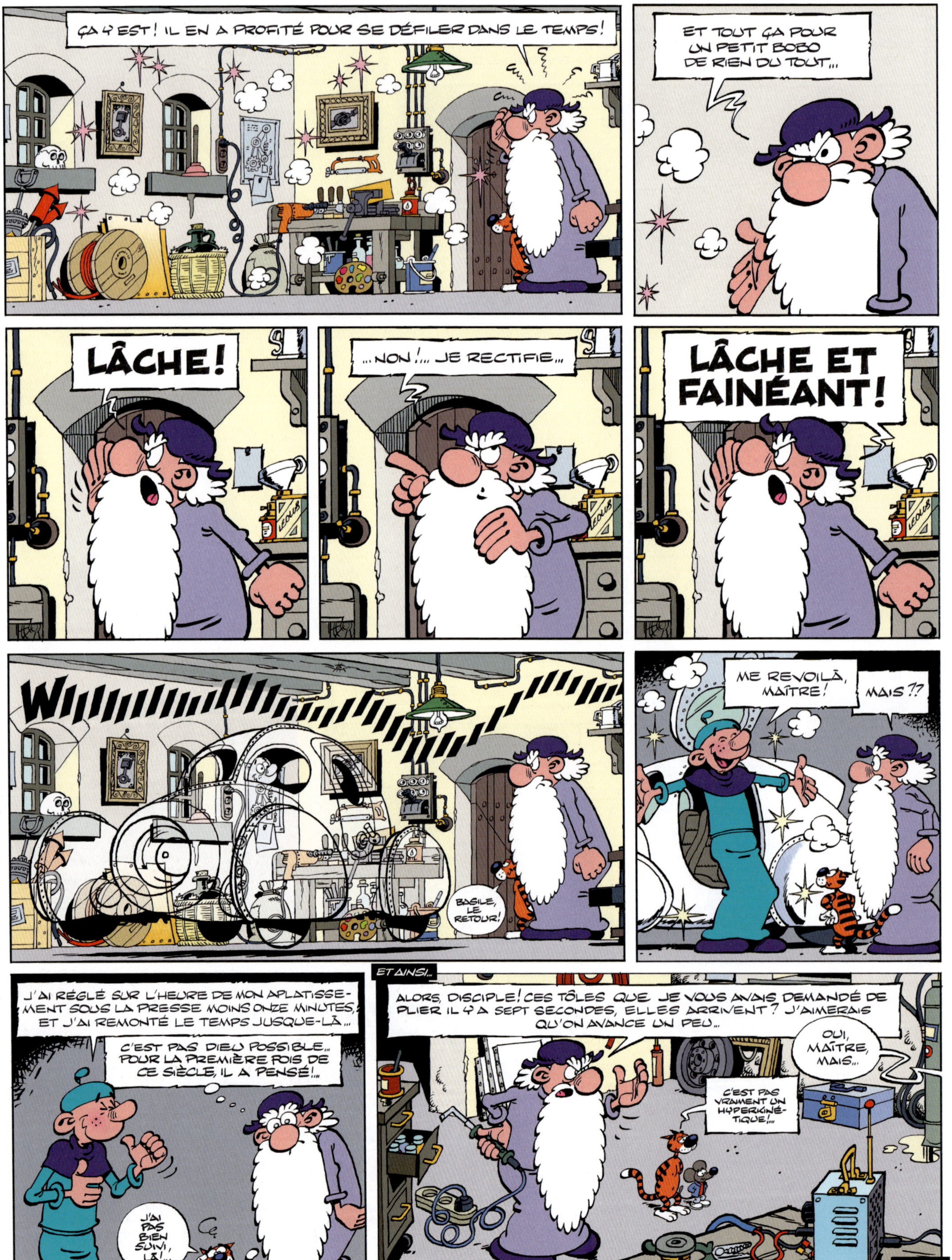
ÇA Y EST ! IL EN A PROFITÉ POUR SE DÉFILER DANS LE TEMPS !
ET TOUT ÇA POUR UN PETIT BOBO DE RIEN DU TOUT...
LÂCHE !
...NON !... JE RECTIFIE...
LÂCHE ET FAINÉANT !
WIIIIIIIIIII
BASILE, LE RETOUR !
ME REVOILÀ, MAÎTRE !
MAIS ?!?
J'AI RÉGLÉ SUR L'HEURE DE MON APLATISSEMENT SOUS LA PRESSE MOINS ONZE MINUTES, ET J'AI REMONTÉ LE TEMPS JUSQUE-LÀ...
C'EST PAS DIEU POSSIBLE... POUR LA PREMIÈRE FOIS DE CE SIÈCLE, IL A PENSÉ !...
J'AI PAS BIEN SUIVI, LÀ !...
ET AINSI...
ALORS, DISCIPLE ! CES TÔLES QUE JE VOUS AVAIS DEMANDÉ DE PLIER IL Y A SEPT SECONDES, ELLES ARRIVENT ? J'AIMERAIS QU'ON AVANCE UN PEU...
OUI, MAÎTRE, MAIS...
C'EST PAS VRAIMENT UN HYPERKINÉTIQUE !...
FIN

Parrot Fire Kris Northern

"Rather than zoom into the fractal you can zoom into the edge of it and continually find the same pattern repeating itself much like the shoreline of a lake viewed from a plane."– **Kris Northern**

Investigations

IN NUMBER, DATA, AND SPACE®

en español

Manual de matemáticas para el estudiante

Oficinas editoriales: Glenview, Illinois • Parsippany, Nueva Jersey • Nueva York, Nueva York
Oficinas de ventas: Boston, Massachusetts • Duluth, Georgia
Glenview, Illinois • Coppell, Texas • Sacramento, California • Mesa, Arizona

The Investigations curriculum was developed by TERC, Cambridge, MA.

This material is based on work supported by the National Science Foundation ("NSF") under Grant No.ESI-0095450. Any opinions, findings, and conclusions or recommendations expressed in this material are those of the author(s) and do not necessarily reflect the views of the National Science Foundation.

ISBN: 0-328-29478-0

ISBN: 978-0-328-29478-7

3 4 5 6 7 8 9 10-V057-15 14 13 12 11 10 09 08
CC:N2